흐름으로 읽는

근현대 세계사

흐름으로 읽는
근현대 세계사

1판 1쇄 펴낸날 2016년 8월 10일
1판 3쇄 펴낸날 2019년 2월 20일

지은이 이내주

펴낸이 서채윤 펴낸곳 채륜서
책만듦이 오세진 책꾸밈이 이현진

등록 2011년 9월 5일(제2011-43호)
주소 서울시 광진구 자양로 214, 2층(구의동)
대표전화 02-465-4650 팩스 02-6080-0707
E-mail book@chaeryun.com Homepage www.chaeryun.com

책값은 뒤표지에 있습니다.
ISBN 979-11-85401-20-1 03900

이 도서의 국립중앙도서관 출판예정도서목록(CIP)은 서지정보유통지원시스템 홈페이지 (http://seoji.nl.go.kr)와 국가자료공동목록시스템(http://www.nl.go.kr/kolisnet)에서 이용하실 수 있습니다. (CIP제어번호 : CIP2016017640)

흐름으로 읽는

근현대 세계사

이내주

채륜서

우리 역사를 좀 더 객관적으로 바라볼 수 있는 길은 없을까?

고등학교 한국사 교과서의 '국정화國定化' 논쟁이 한창이다. 1945년 광복 이후 한국현대사에 대한 좌우 진영 간의 해석 차이가 주요 쟁점인 듯싶다. 사실상 근대세계에 접어들어 민족국가Nation-State가 등장한 이래 자국사自國史에 대한 교육은 꾸준히 강조되어 왔다. 자국민으로서의 정체성을 확립하고 자긍심을 함양하는 일이야말로 해당 공동체가 존속할 수 있는 기본 요건임에 분명하다. 그러다보니 가능하면 우리 역사를 긍정적으로 바라보자는 주장이 자연스럽게 일어날 수밖에 없다. 역사를 구성원들에게 자긍심과 소속감을 심는데 매우 유용한 수단으로 인식하고 있다는 반증이기도 하다.

그러나 무엇보다도 중요한 점은 가능한 한 중립적 입장에서 자국 역사를 바라보아야 한다는 점이다. 부단히 역사적 균형감각을 추구하면서 사실과 해석 사이에서 조화를 추구해야만 한다. 자칫하면 '민족의 영광'이라는 달빛에 취해서 과거의 흐름을 왜곡할 소지가 있기 때문이다. 역사해석에서 현재의 필요성이나 목적 실현에 과도하게 집착할 경우 과거의 역사상을 은연 중 오도할 수 있다. 그러기에 역사가나 역사에 관심 있는 사람들은 자기 시대에 대한 예리한 관찰력을 유지해야 한다. 그렇지 않을 경우 지난 역사를 제대로 보기가 어려우며, 역으로 과거에 눈을 감아버리면 미래는 물론이고 현재 조차도 정확하게 인식하기가 어렵다.

그렇다면 우리 역사를 좀 더 객관적으로 바라볼 수 있는 길은 없을까? 있다. 바로 세계사世界史에 대한 학습이다. 다른 나라들의 역사를 이해함으로써 우리 역사를 비교사적 관점에서 나름대로 객관적으로 접근할 수 있다. 오늘날 지구상 거의 대부분 나라들은 서로 긴밀하게 연결되어 있다. 어느 한 나라에서 발생한 일은 즉각적으로 주변국은 물론이고 먼 곳에 있는 나라들에게까지 영향을 미친다. 근대세계가 형성된 이후 각 문화권 간의 연관성은 더욱 확대되고 심화되어 왔다. 이러한 흐름은 자신에 대한 정확한 이해는 나와 관련이 있는 타자와의 비교를 통해서 가능할 수 있다는 교훈을 준다.

간혹 혹자는 우리나라 역사도 제대로 모르면서 다른 나라 역사까지 알 필요가 있을까하고 반문한다. 아니면 지금 먹고 살기도 힘든데 취업이나 경제활동에 별로 도움이 안되는 역사지식, 그것도 다른 나라 역사를 공부해서 무얼 하겠는가라고 항변할 수도 있다.

하지만 곰곰이 생각해 보면 이는 하나만 알고 둘은 모르는 소리이다. 글로벌화가 심화되고 있는 오늘날 우리는 세계의 흐름을 이해할 수 있는 국제적 안목을 구비해야 한다. 그렇다면 이러한 능력은 저절로 생기는 것일까? 물론 인터넷 사이트를 통해 필요한 지식을 습득할 수 있다. 하지만 이렇게 얻는 지식은 대부분 파편적이기에 진정으로 내 것이 될 수 없다. 정식 교육을 통해 세계사의 흐름에 대한 전체적인 그림을 습득한 상태에서야 단편적인 지식도 유의미할 수 있다. 점수 얻기 어렵다는 이유로 세계사 공부를 회피할 경우, 장차 조직의 리더로서 지녀야할 전체를 보는 안목과 세계의 동향을 읽는 능력에서 뒤쳐질 수 있음을 명심해야 한다. 그래서 선진국에서는 향후 사회지도층이 되고자 꿈꾸는 젊은이들은 어려서부터 세계사 공부를 중요시 한다.

오늘날 세계사 학습은 개인의 차원을 넘어서서 한 민족이나 국가의 생존을 위해서도 반드시 필요하다. 특히 부존자원이 희소하고 속칭 '인적 자원'만 바글바글하는 우리나라의 경우에는 더욱 그러하다. 왜냐하면 앞으로도 우리의 생존과 번영은 수입한 원자재로 만든 제품을 재차 다른 나라에 판매함으로써 유지될 수 있기 때문이다. 이를 효과적으로 달성하기 위해서는 무엇보다도 직접적으로는 관련 있는 국가에 대해, 본질적으로는 세계의 흐름에 대해 잘 알고 있어야 한다. 이를 가장 효율적으로 습득할 수 있는 지름길은 바로 '세계사'에 대한 학습이다. 역사적 배경 지식을 이해한 후 다른 관련 지식을 첨가할 때, 상대방을 총체적으로 파악하고 적절하게 대응할 수 있다. 세계화의 급류에 능동적으로 대응할 수 있는 국제적 감각 체득은 이제 선택이 아니라 필수이다. 한마디로, 일찍이 동양의 대표적 병법가 손자가 설파한 '지피지기 백전불태知彼知己 百戰不殆'의 비밀무기가 바로 여기에 있다는 점이다.

나는 지난 30여 년간 이곳 화랑대에서 사관생도들에게 역사교육, 특히 세계사 과목을 강의해 왔다. 군의 정예장교를 양성하는 교육기관에서 군사 관련 과목이나 군사 교범만 교육하면 되지 왜 이러한 교양과목까지 가르쳐야 할까? 솔직히 이러한 의문을 갖는 것 자체가 무지의 소치이다. 왜냐하면 글로벌화한 오늘날 세계사 교육이야말로 장차 군과 국가의 리더로 성장할 사관생도들에게 필수요건이라고 생각하기 때문이다. 동서양의 역사적 형성 과정에 대한 이해를 통해 장차 국방의 핵심 인재로서 갖추어야 할 폭넓은 안목과 통합적 사고력을 함양할 수 있다. 특히 점증하고 있는 우리 군의 세계적 평화유지 임무수행을 고려할 시 세계사의 기본적 역사지식 습득은 국제화된 정예장교의 필수덕목임에 분명하다. 이러한 맥락에서 육군사관학교는 일찍이 1990년대 중반에 “가슴엔 조국을, 두 눈은 세계로”라는 슬로건을 천명한 바 있다.

이러한 필요를 반영하려는 의도 하에 이 책을 총 6개 장으로 구성했다. 물론 말 그대로 세계사는 우리를 제외한 세계 모든 나라의 역사를 의미하기에 엄밀한 의미에서 전 세계 국가 또는 적어도 모든 대륙의 역사를 포괄해야 한다. 하지만 이는 무엇보다도 시간과 지면 관계상 불가능한 목표이다. 그래서 이 책은 17~18세기 이래 오늘날까지 여전히 세계사의 흐름을 주도하고 있는 서양세계의 뿌리를 이해한다는 취지에서 기본적으로 근대 이후의 유럽사에 초점을 두고 있다. 여기에 우리의 주변국 이해라는 차원에서 19세기 이후 미국과 러시아의 강대국화, 그리고 무엇보다도 중국과 일본이 경험한 서양과의 접촉 양상과 이후 지난至難했던 근대화 과정을 다루고 있다.

사실상 이 책에서 다루는 내용들은 이미 군의 일간지인 『국방일보』의 연재물로 소개된 바 있다. 주변에서 내 글을 흥미롭게 읽고 지적으로도 많이 배웠다는 논평들을 접하면서 이를 단행본으로 선뵈어도 좋겠다는 생각을 하게 됐다. 물론 근저에는 역사학의 대중화, 무엇보다도 세계사의 대중화에 조금이라도 도움이 됐으면 하는 염원이 담겨 있다. 무엇보다도 우리 젊은이들이 세계사를 체계적으로 학습할 수 있는 기회가 희소하다는 현실에 대한 안타까움이 나의 용기를 달구었다.

다행히 나의 이러한 소박한 염원이 실현될 수 있는 길이 열렸다. 고맙게도 빙하기를 겪고 있는 요즘 국내 출판시장의 어려움에도 불구하고, 채륜의 서채윤 사장님께서 흔쾌히 이 책의 발간을 수락해 주었다. 특히 오세진 담당편집자는 알차고 산뜻한 편집으로 이 책을 더욱 빛나게 했다. 이 자리를 빌어서 도움을 준 모든 분들께 감사드린다. 그리고 이 책에서 발견되는 모든 내용상 오류는 저자인 나의 책임임을 밝혀둔다. 끝으로 이 책이 독자들의 세계사 이해와 무엇보다도 세계사 교육의 중요성을 일깨우는데 일조했으면 한다.

2016년 병신년 여름, 태릉골 화랑대에서 이내주 씀

차 례

제4장 20세기 총력전의 시대와 새로운 강국의 대두

제5장 세계대전 후의 세계

제6장 서구침탈과 동아시아의 대응

AMERICA
Anno Domini 1492 a Christophero Columbo nomine Regis Castellae primum detecta
AMERICA SEPTENTRIONALIS
NOVA FRANCIA
Chilaga
Avanares
Albardos
Capasch
Audeal
Calicuas
MAR DEL NORT
Tropicus Cancri
MAR DEL ZUR
Circulus Æquinoctialis
Insulæ Salomonis
AMERICA MERIDIONALIS
MARE PACIFICUM
Fretum Magalanicum
TERRA AUSTRALIS
Circulus Arcticus

서양문명의 뿌리를 찾아서

1. 신神들의 나라, 그리스

일반적으로 역사가들은 현대 서양문명의 근원을 서양 고대의 그리스·로마 문명, 그 중에서도 특히 그리스 문명에서 찾으면서 이들 두 문명을 서양의 '고전문명'이라 총칭하고 있다. 오늘날 서양 세계를 특징짓는 자유주의, 민주주의, 합리주의 등의 뿌리가 기원전 7~4세기에 그리스 반도에서 등장했던 폴리스Polis(도시국가)들에서 꽃을 피운 문화적 유산에 있다고 평가한다. 대표적 폴리스였던 아테네Athens에서 기원전 4세기경 정치 및 종교, 무엇보다도 학문과 예술 분야에서 만개했던 인간중심적이며 지성적인 문화적 특질은 이후 로마제국과 중세, 그리고 르네상스를 거치면서 현재 서양문명을 형성하는 자양분이 되었다.

그리스의 파르테논 신전

오늘날 세계의 중심이 동아시아 지역으로 이동하고 있다는 표현을 자주 접한다. 그러다보니 혹자는 '유럽 중심주의'를 넘어서자, 아니면 한 걸음 더 나아가서 '서양시대는 끝났다'고 주장하기도 한다. 나 역시 이러한 논의에 굳이 반대할 이유는 없다. 다만, 문제는 유럽 중심주의를 넘어서는 것은 차치하고라도 오늘날 우리나라의 많은 젊은이들이 '유럽의 실상'에 대해서조차 너무 무지하다는 사실이다. 중고교 과정에서 '세계사' 교육이 거의 전무全無한 지경인지라 이러한 현상은 더욱 심화되고 있다. 이러한 공백을 조금이라도 메꾸어보려는 바람에서 오늘날 서양세계가 걸어온 길을 더듬어 보려고 한다.

그리스 반도에서 인간의 모든 활동은 일종의 정치군사 공동체였던 폴리스를 중심으로 이루어졌다. 그리스는 에게 해 남쪽 크레타 섬의 미노아 문명과 펠로폰네소스 반도의 미케네 문명을 거쳐서 기원전 8세기경부터 그리스 본토에서 등장한 폴리스를 주축으로 문명의 기반을 다졌다. 이후 빠른 인구증가와 토지 부족으로 그리스인들은 주변 지역으로 진출했고, 그 결과 기원전 7~6세기경이 되면 지중해 전역에 걸쳐서 수많은 대소 규모의 폴리스들이 등장했다. 이러한 팽창 덕분에 상업 활동이 활성화되어 시민계층의 위상이 점차 높아졌는데, 폴리스 아테네의 경우가 가장 전형적 이었다.

그러나 그리스인들의 세력 확대는 당시 동방의 강대국 페르시아의 심기를 불편하게 만들었다. 그리스인들이 에게 해 연안 소아시아 지역에 개척한 상업도시들이 번성하면서 페르시아의 경계심은 한계를 넘어 마침내 침략으로 이어졌다. 이른바 페르시아 전쟁(492~479 BC)이 벌어진 것이었다. 전력상 열세했던 그리스군은 중무장 밀집보병대phalanx를 중심한 무기체계와 전략전술의 우세를 바탕으로 대승을 거두고 에게 해의 패권을 차지했다.

페르시아 전쟁 승리로 그리스 세계의 진정한 강자로 부상한 것

그리스의 용사

은 폴리스 아테네였다. 페르시아의 거센 공격을 물리치는데 주도적 역할을 했기 때문이다. 이후 아테네에서는 페리클레스라는 유능한 정치지도자가 등장하여 정치적 안정과 경제적 부흥, 그리고 이에 기초한 문화적 융성을 이루었다. 바로 이 시기에 아테네 시민들은 정치적으로 민주정을 실험하고 파르테논 신전 건축을 비롯한 학문과 예술을 꽃피움으로써 오늘날 서양문명의 초석을 마련했다.

그렇다면 이때 형성된 그리스 문명의 특징과 그 타당성을 뒷받침하는 사례들은 무엇일까? 우선, 고대 그리스에서는 '인간중심의 문명'이 대두했다. 몇 가지 사례를 통해 이 점을 쉽게 엿볼 수 있다. 먼저, 폴리스 아테네의 경우 직접민주정치를 채택하고 이를 실천했다. 폴리스의 성년 남자들이 매년 광장에 모여서 집회를 열고 한 해 동안 자신들을 통치할 지도자를 선출했던 것이다. 이러한 경향은 종교에서도 찾을 수 있다. 고대 그리스인들은 '신인동형神人同形'의 신 개념을 갖고 있었다. 즉, 인간의 완전한 모델로서의 12신을 선정하고 이들을 닮고자 노력했던 것이다. 예술적으로도 고대 그리스의 조각상에는 인간의 나체를 대상으로 한 것이 많다. 당대인들에게 인간의 육체는 수치의 대상이 아니라 한껏 과시해도 좋은 '완전미'였던 것이다.

이러한 경향은 자연스럽게 '지성적 문명'이라는 다음 특징으로 이어진다. 고대 그리스 사회에서 인간은 이성적 존재라는 인식하에 합리적인 탐구정신이 크게 발현되었다. 인간의 이성을 통해 주변 환경을 논리적으로 관찰하기 시작했던 것이다. 자연을 관찰해 이 세상의 근원을 물에서 찾은 탈레스를 이어서 소크라테스는 관찰의 대상을 자연에서 인간으로 옮기었다. 이는 '너 자신을 알라'는 그의 명제에 함축되어 있다. 이후 플라톤 및 아리스토텔레스로 이어지면서 인간 이성의 관찰 범위는 더욱 확대되고 세련되었다.

오늘날 대부분 서양학문의 뿌리는 고대 그리스에 있으며, 그 때문인지 그들 중 오늘날 학문의 시조始祖가 많다. 왜 그럴까? '역사학의 아버지'로 불리는 헤로도토스의 경우, 단순히 책상머리에

앉아서 상상력만으로 집필한 것이 아니라 페르시아 전쟁이 벌어졌던 전장을 답사한 후 이를 기초로 전쟁사를 썼다. 이는 '의학의 아버지'로 불리는 히포크라테스의 경우에도 마찬가지이다. 당시 누군가 중병에 걸리면 사람들은 환자가 큰 잘못을 저질러서 신神의 징벌을 받은 것으로 생각하고, 신의 노여움을 달래기 위해 일종의 '굿거리'를 주문했다. 이들과는 달리 히포크라테스는 환자의 증상을 관찰하고 이를 다른 환자들의 경우와 비교 분석하는 방식으로 병의 원인이 질병 자체에 있음을 알아냈다. 학문 분야보다도 예술 분야에서 지성적 문명의 특징을 보다 생생하게 느낄 수 있다. 인체의 동작을 묘사한 대리석 조각의 균형미에서, 무엇보다도 파르테논 신전의 공간을 정연하게 나누고 있는 열주列柱들의 배열에서 합리주의의 정수精髓를 엿볼 수 있다.

이러한 고대 그리스 문명은 이후 로마를 거쳐서 서양의 중세로 이어졌다. 하지만 신본주의神本主義가 모든 것을 지배하던 중세 사회에서는 인본주의人本主義에 기초한 그리스적인 요소들은 수면하에 놓일 수밖에 없었다. 중세를 거치면서 잠복해 있던 인간중심적이며 지성적인 특징들은 14~15세기에 발현한 르네상스 시대에 재차 주목을 받았고, 이후 급진전한 서양의 근대화에 중요한 정신적 기반을 제공하였다. 오늘날 서양문명의 뿌리를 그리스 문명에서 찾고 있는 이유도 바로 여기에 있다.

2. 영원의 제국, 로마

기원전 750년경 이탈리아 반도 중앙의 티베르 강가에서 작은 도시국가로 출발한 로마는 이후 발전을 거듭해 기원전 50년경에는 지중해 세계 전체를 아우르는 대제국을 건설했다. 이후 공화정 시기(510~27 BC)를 거쳐 제정(27 BC~AD 476)으로 이어지면서 통치 시스템을 더욱 발전시켜서 이른바 '팍스 로마나' 시대를 구가했다. 지중해를 중심으로 발전한 기존 문화에 다른 민족들의 다양한 문화를 융합시켜서 수준 높은 실용적 문화를 창출, 이를 유럽에 전달해 오늘날 서구문명이 형성될 수 있는 기초를 놓았다. 덕분에 로마는 476년 멸망할 때까지 약 1,200년 동안이나 유지될 수 있었다. 역사상 어떠한 국가나 제국도 이처럼 장기간 지속된 경우는 없었다.

대제국 로마의 성장 과정은 결코 순탄치 않았다. 라틴족의 라티움 평원 정착으로 시작된 로마의 역사는 원주민 에트루리아인을 비롯한 주변 이민족들과의 처절한 투쟁의 역사였다. 이러한 생존 경쟁 과정을 거치면서 로마는 점차 체제를 정비하여 귀족과 특히 시민계층을 기반으로 한 건실한 공화정의 기틀을 마련했다. 이 시기에 로마는 귀족 계층의 경우에는 국가에 대한 '고귀한 의무감noblesse oblige'으로 일반 시민의 경우에는 상무정신과 애국심으로 충일해 있었다.

이러한 기풍을 바탕으로 이탈리아 반도를 석권한 로마는 기원전 300년경 지중해 진출을 도모했다. 로마의 야망은 당시 지중해 세계의 상권을 장악하고 있던 북 아프리카의 도시국가 카르타고와의 충돌을 불가피하게 만들었다. 그래서 벌어진 것이 3차례에 걸친 포에니전쟁(264~146 BC)이었다. 국가의 명운命運을 건 긴 전쟁 끝에 카르타고를 무찌른 로마는 지중해를 장악하고 세 대륙에 걸친 대제국을 건설할 수 있었다.

이러한 로마 성장의 원동력은 어디에 있었을까? 수많은 요인들 중 직접적으로는 로마의 선진된 군사 시스템을, 그리고 근원

로마의 병사

적으로는 로마문화의 특질을 핵심 요인으로 꼽을 수 있다. 우선, 로마인들은 건국 초창기 이래 주변 민족들과의 부단한 투쟁을 통해 얻은 값진 경험을 바탕으로 군대를 창의적으로 발전시켜 왔다. 실질을 숭상한 로마인들의 생활 자세와 강한 공동체 의식이 군사력 증강의 초석이 되었다. 로마군의 발전은 시민병사의 무장에서부터 정교한 전투대형, 그리고 효율적인 무기체계에 이르기까지 전 범위에 걸쳐서 이뤄졌다. 무엇보다도 전성기의 로마군을 상징하는 조직은 로마군단이었다. 그리스가 단일대형 팔랑스를 고집한 데 비해, 로마군은 이를 대소 규모의 다양한 대형으로 세분화했다. 글라디우스(칼), 필룸(투창), 그리고 스큐툼(방패)으로 무장한 병사들을 조직화하고 부단한 훈련을 통해 '전쟁기계'처럼 움직이게 함으로써 고대세계 최강의 군사력을 구비할 수 있었다.

이러한 하드웨어와 더불어 로마제국을 전성기로 이끈 진정한 힘은 소프트웨어, 즉 문화적 특징에 놓여 있었다. 우선, 로마는 실용적인 문명을 발전시켰다. 그리스인들은 창의적인 문화를 추구한 데 비해 로마인들은 광대한 제국의 통치에 필요한 문화를 꽃피웠다. 이러한 로마 문화의 특질은 법, 정치제도, 그리고 잔존하는 유적들에서 그 흔적을 찾을 수 있다. 오늘날 대륙법의 근간이 바로 로마법에 있을 정도로 로마인들은 후세에 정교한 법률

체계를 남겨주어 통치와 질서의 개념을 심어주었다. 또한 서양의 상원제도, 관료 및 조세제도, 그리고 군사제도 등도 로마문명에 그 뿌리를 두고 있다. 2천년의 세월을 머금은 채 여전히 수많은 관광객들을 맞고 있는 콜로세움, 수도교, 군사도로 등에서 로마문명의 견고성을 쉽게 엿볼 수 있다.

로마를 강성케 한 로마문화의 또 다른 특징으로 개방성과 포용성을 들 수 있다. 로마는 지중해 세계를 제패해 가면서 다양한 민족과 문화를 접하게 됐다. 이때 로마인들은 자신들의 문화를 전파한데 머문 것이 아니라 점령지의 문화일지라도 로마에 유용하다면 수용하여 로마화했다. 속주민이라도 로마가 정한 기준을 충족할 경우 시민권을 부여했고, 제국 동쪽 끝 팔레스타인의 소수민족인 유대인의 종교에서 발전한 기독교를 종국에는 제국의 종교로 수용하는 포용성을 보여줬다. 이외에 제국의 구석구석을 연결해 주던 로마의 도로망이야말로 개방성의 대표적 사례가 아닐까 한다.

그러나 이러한 로마도 세월의 흐름과 더불어 점차 기울게 됐다. 연이은 정복전쟁의 승리로 각지의 풍부한 물산이 제국의 수도 로마로 유입되면서 로마인들의 검소하고 상무적인 기풍도 이완됐다. 사치 풍조도 문제였지만 무엇보다도 병역기피 현상이 만연하면서 병역 자원의 부족 현상이 심화됐다. 이를 이민족 출신의 용병으로 채우려다보니 군대의 인적 구성에 큰 변화가 오게 됐다. 물론 보다 효율적인 전략전술과 무기체계를 지속적으로 추구했으나, 이를 실행할 주체인 장병들의 전투력과 정신력은 빠르게 약화됐다. 결국에는 영원히 지속될 것만 같던 로마제국도 476년 게르만족의 침략 앞에 무릎을 꿇고 말았다. 은밀하게 스며드는 자만심을 경계하지 않을 경우, 어떠한 강국이라도 그 안위를 보장할 수 없다는 값진 교훈을 로마의 흥망사가 말해 주고 있다.

정치적으로 로마는 사라졌으나 그 문명의 뿌리는 남아서 서구문명의 초석을 놓았다. 지중해 세계 전체를 장악한 덕분에 로마는 그리스문명, 기독교문명, 그리고 로마 자신의 문명을 통합 및 보존할 수 있었다. 그리고 이를 게르만족을 통해 이후 시대로 전달함으로써 현대 서양문명의 모태가 됐다. 이러한 측면에서 로마문명을 모든 것이 발원發源하는 '대호수'에 비유한 19세기 독일 역사가 랑케의 평가는 타당하다.

3. 교회가 호령한 세상, 서양 중세

4세기 말에 동서로 분열된 로마제국은 476년 게르만족에 의해 멸망되고 서유럽 지역은 혼란 상태에 빠졌다. 과거 로마제국 영토 전체가 이민족들의 말발굽에 짓밟히면서 장구한 세월 동안 쌓여온 서양의 고전문명이 사라질 위기에 직면했다. 정치사회적 질서와 개인의 안위가 위협받고 있던 위기의 시대에 고전문명의 유산을 보존하고 사회를 안정시키는데 기여한 것은 바로 교회였다. 중세 유럽에서는 정치사회적으로 봉건제, 정신적으로 기독교라는 두 축이 공존하면서 교권이 지배하는 사회가 형성됐다. 이러한 신 중심의 경향은 14~15세기에 르네상스라는 새로운 흐름이 올 때까지 1천여 년 간 지속됐다.

원래 서로마를 멸망시킨 게르만족은 제국의 경계 밖 라인강 북쪽과 다뉴브강 동쪽에 흩어져 살고 있었다. 이들은 375년에 시작된 훈족의 침입으로 정든 고향을 떠날 수밖에 없었다. 중앙아시아의 스텝지역에 살던 기마민족 훈족이 무서운 기세로 유럽쪽으로 이동했기 때문이다. 이를 계기로 민족이동의 연쇄 작용이 일어나 게르만의 여러 부족들이 로마제국 안으로 몰려와서 위세를 떨쳤다. 하지만 로마제국 멸망 후 서유럽 세계를 재통합한 주인공은 프랑크족이었다. 오늘날 독일의 아헨 지방을 근거지로 축차적으로 영토를 넓힌 프랑크족은 샤를마뉴Charlemagne(재위 768~814) 대제 때에 과거 로마제국의 영토 대부분을 수복했다. 샤를마뉴는 왕국의 행정구역을 재편하고 800년 로마 교황으로부터 세례를 받았다. 이를 통해 그는 서로마 황제라는 권위를 인정받고 교회와의 유대관계를 돈독히 했다.

그러나 814년 샤를마뉴 사후 그의 제국은 분열되어 중앙권력은 무력無力해지고 지방분권화가 가속화됐다. 그 와중에 스칸디나비아 반도 연안에 살고 있던 노르만족(일명 바이킹)이 9세기경부터 서유럽 전역에 출몰하여 약탈과 파괴를 자행했다. 외적의 침략에 무기력한 중앙정부에 실망한 일반 백성들이 지방 유력자에게 의탁하면서 봉건제라는 지방분권적 통치형태가 등장했다. 쌍무계약의 원칙 하에서 국왕은 일정량의 토지를 영주에게 하사하고 그 대신 군사적 충성을 요구했다. 봉건체제에서 지배계층은 전사 집단인 기사들Knights이었고, 그 아래에는 장원에서 평생 노역에 종사한 일반 농민들이 있었다.

중세를 주도한 군사력은 기병이었다. 로마가 멸망한 이후 보병의 시대가 거하고 기병의 시대가 도래했던 것이다. 등자鐙子의 전래가 기병 전투력 향상에 중요한 역할을 했으나, 점차 세월이 흐르면서 오늘날 서양의 박물관에서 접하는 중세의 판금갑옷이나 투구에서 엿볼 수 있듯이 기사의 무장武裝은 너무 무거워져서 기

중세의 기사(Knight)

병 본래의 기능인 기동력을 상실하게 됐다. 중세 말에 화약무기가 전장에 등장하면서 기병의 위상은 쇠락하고 보병의 시대가 부활했다.

무엇보다도 중세사회를 주도한 또 다른 축은 교회세력이었다. 서로마제국이 사라진 이후에도 교회조직은 유지되어 로마문명의 유산을 보존하고 이를 전달하는 역할을 수행했다. 특히 유럽 대륙의 새로운 지배자로 대두한 게르만족을 기독교화하고 이들과 정치적으로 제휴하는 놀라운 적응력을 보여줬다. 세월이 흐르면서 교회 세력은 크게 성장, 점차 세속세계에도 적극 개입하게 되면서 교황권과 황제권 간에 갈등이 벌어졌다. 성직서임권을 둘러싼 양측의 힘겨루기에서 1077년 발생한 '카노사의 굴욕' 사건을 계기로 교황권이 우위에 서게 됐다. 교황은 이러한 여세를 몰아서 거의 2세기 동안이나 중동지역을 전쟁터로 만든 예루살렘 성지탈환 운동, 즉 십자군원정(1096~1272)을 주도했다.

이러한 과정을 거치면서 11세기 이후 교회가 중세사회의 실질적 지배자로 군림하였다. 교회는 교구사제, 주교, 그리고 로마의 교황으로 이어지는 초국가적인 조직을 갖추고 독자적인 재판권과 광대한 주교령까지 차지하게 됐다. 정치경제적 힘을 토대로 교회는 중세인의 정신세계는 물론이고 일상사까지 지배하는 막강한 권한을 행사했다. 오늘날 서유럽 곳곳에서 마주치게 되는 거대하고 화려한 고딕성당은 중세 전성기에 교회가 지녔던 힘을 짐작케 한다. 교회의 교리에 어긋나는 주장을 한다거나 그 통제권에서 벗어나는 행위는 일체 용납될 수 없었다. 움베르토 에코의 소설을 영화화한 『장미의 이름』에서 엿볼 수 있듯이, 파문破門을 통해 공동체에서 추방하고 종교재판에 회부해 가혹한 고문을 가함은 물론 금서목록을 지정해 교회의 교리에 어긋나는 지식의 유입을 원천 봉쇄했다.

그렇다면 서양의 중세는 서양문명의 발전을 저해한 말 그대로 '암흑기'였단 말인가? 그렇지 않다. 중세의 역사적 유산을 결코 무시할 수 없다. 우선, 중세는 교회가 호령하기는 했으나 서양의 고전문명을 계승·발전시킨 점을 간과할 수 없다. 특히 11~12세기경에는 로마법을 부활시켜 법률사상과 계약사상의 형성에 기여했다. 중세 스스로 만들어낸 문화적 유산도 주목할 만하다. 12세기경에 설립된 볼로냐 대학과 파리 대학을 기원으로 현재까지 이어지는 대학교육은 바로 중세 수도원 교육을 모태로 발전했다. 장원제라는 자급자족적 경제체제 하에서도 교통 요지에 도시가 등장, 이후 서양 근대화의 주체가 되는 중산계층이 형성되기 시작했다.

무엇보다도 가시적인 유산으로 오늘날 서양의 주요 도시를 문화적 풍요로 감싸고 있는 장대한 고딕성당과 정교한 스테인드글라스를 꼽을 수 있다. 유럽 여행 중 고딕성당 안에 들어간 본 사람은 그 장엄함과 엄숙함, 그리고 아름다움에 경외감을 느꼈을 것이다. 바로 이러한 과정과 유산을 통해 기독교가 오늘날 서양인들의 정신세계는 물론이고 일상생활 깊숙이 영향을 미치는 종교로 터 잡을 수 있었다.

스테인드 글라스

파리 노트르담

AMERICA
AM ERICA SEPTEN TRIO NALIS
NOVA FRANCIA
MAR DEL NORT
Tropicus Cancri
MAR DEL ZUR
Circulus Æquinoctialis
Insulæ Salomonis
Tropicus Capricorni
MARE PACIFICUM
Fretum Magalanicum
Excudebat Gulielmus Blaeuw Amstelodami sub signo Solaris deaurati
TERRA AUSTRALIS

근대화의 태동기

1. 다시 핀 이성의 꽃, 르네상스

중세를 호령한 교회의 영향력은 14세기 말에 이르러 쇠퇴하고, 점차 근대화를 향한 새로운 기운이 일어났다. 15세기경에 변화의 흐름은 더욱 거세어져서 본격적으로 외부로 분출되기 시작했다. 서양 근대의 시발점으로 간주되고 있는 르네상스Renaissance가 시작된 것이다. 르네상스는 '부활'·'재생'이라는 뜻으로 신 중심의 중세문명에서 인간중심의 고전문명(그리스·로마 문명)의 부활을 의미했다. 중세 신의 권위로부터 인간성의 해방을 추구한 '휴머니즘Humanism'을 핵심 원리로 삼은 르네상스는 특히 이탈리아 반도의 중북부 도시들에서 맨 먼저 그 꽃을 피웠다. 그러다가 1500년 이후에는 알프스를 넘어 오늘날 네덜란드와 독일 중북부 지역에서 번성했다.

르네상스라는 근대를 향한 새로운 움직임이 드넓은 유럽 대륙 중 이탈리아 반도에서 시작된 이유는 무엇일까? 우선, 이탈리아 반도의 지리적 이점을 꼽을 수 있다. 이탈리아는 로마제국의 중심지였던 동시에 그리스 반도를 차지하고 있던 비잔틴제국(동로마제국)과 근접해 있었다. 특히 1453년 비잔틴제국이 이슬람 세력에 멸망한 이후에는 그곳의 인적 및 물적 문화유산을 대거 수용했다. 과거 그리스 시대에 꽃피웠던 학문과 예술이 중세 1천년의 암흑시대를 뚫고서 동로마제국으로부터 이탈리아 반도로 전해졌던 것이다.

다음으로는, 대가문에 의한 전폭적인 문예 활동 지원이 있었다. 대표적으로 피렌체를 르네상스의 중심 도시로 만든 메디치Medici 가문을 꼽을 수 있다. 원래 약제사 집안이었던 메디치가는 중세 말에 붐을 탄 금융업으로 대박을 터트리면서 엄청난 부를 쌓았다. 이들은 축적한 재산을 가문의 고향인 피렌체의 영광을 높이는데 아낌없이 투자했다. 르네상스를 대표하는 거장 예술가나 학자들 대부분이 당시 메디치 가문의 신세를 졌다고 해도 과언이 아닐 정도로 다방면으로 학문과 예술을 장려했다. 오늘날 피렌체 중심에 자리 잡은 대성당이나 브루넬레스키의 거대한 원형 돔은 모두 메디치 가문의 후원으로 이뤄졌다.

보다 근본적인 요인으로 이탈리아 중북부 지방은 중세 이래 자유로운 상업도시의 발달이 유럽의 타 지역에 비해 빨랐다는 점을 들 수 있다. 11세기말에 시작된 십자군원정으로 로마제국 멸망 후 거의 휴면상태에 있던 지중해 교역이 되살아나면서 지중해에 근접해 있던 이탈리아 반도의 도시들(피렌체, 베네치아, 밀라노, 제노아, 로마 등)이 경제적 번영을 누리게 됐다. 점차 주변 지역으로 세력을 넓혀 '도시국가'로 발전한 도시의 지배층은 경쟁적으로 예술가들을 후원하여 자신이 속한 도시의 미적 품격과 정치적 위상을 높이려고 했다.

그렇다면 이렇게 꽃핀 르네상스의 핵심 원리가 '휴머니즘'임을 어떻게 알 수 있을까? 당대를 풍미한 몇 가지 분야를 주목해 보면 이를 쉽게 간파할 수 있다. 문학의 경우, 단테는 『신곡』에서 신에 대한 사랑과 더불어 인간에 대한 사랑을 갈구했고, 특히 보카치오는 『데카메론』에서 인간의 성적 본능을 적나라하게 표출했다. 인간성이 가장 두드러지게 드러난 분야는 아마도 미술, 조각 등 예술분야일 것이다. 르네상스 미술의 서막을 연 보티첼리의 「비너스의 탄생」을 필두로 레오나르도 다빈치의 「최후의 만찬」, 미켈란젤로의 「천지창조」, 그리고 라파엘로의 「아테네학당」 등 명화들 속에는 각자의 개성을 과시하고 있는 인간이 또는 인간군상이 화폭의 중앙을 차지하고 있다. 도나텔로의 「청동상」이나 미켈란젤로의 「다비드상」은 그 재질이 차가운 쇠나 돌임에

라파엘로의 〈아테네학당〉

도 불구하고 마치 살아있는 듯한 느낌이 들 정도로 사실적으로 조각되어 있다. 인간 이성에 기초한 치밀하고 합리적인 관찰을 통해서만 포착할 수 있는 인간 내면의 고뇌를 표현하고 있다. 이러한 경향은 학문 분야에도 반영되어 정치학의 고전인 마키아벨리의 『군주론』을 탄생시키기도 했다.

이처럼 찬란했던 이탈리아의 르네상스도 16세기 초반에 이르면 쇠퇴하고, 그 중심지는 알프스 이북지역으로 이동했다. 무엇보다도 15세기 말에 가시화된 유럽의 대서양 세계 진출 여파로 지중해를 중심한 교역이 시들해지면서 이탈리아 중북부 도시들의 경제력이 쇠퇴한 것이 중요한 요인이었다. 경제적 후원이 어렵게 되면서 예술 활동이 줄어들고, 이들 중 어떤 이들은 생계를 위해 다른 지역으로 옮겨갔다. 알프스 이북인 네덜란드의 저지대 지방을 중심으로 한 지역이 예술과 학문 활동의 새로운 무대로 떠올랐다.

일명 '북방 르네상스Northern Renaissance'라고 불린 새로운 경향은 고전고대로부터 개혁의 영감을 얻는다는 측면에서는 이탈리아와 같았으나, 그 대상에서는 커다란 차이가 있었다. 즉, 이탈리아의 휴머니스트들이 고전고대의 학문과 예술에 주목한데 비해 북방의 휴머니스트들은 종교적 측면에 관심을 갖고서 초기 기독교 사회의 기풍을 되살리려고 했다. 무엇보다도 성서 원본에 대한 정확하고 세밀한 연구를 통해 중세 시대의 오류를 발견하고 보다 원전에 충실한 성서를 발굴하는데 심혈을 기울였다. 이러한 측면에서 북방 르네상스의 근본정신은 '기독교적 휴머니즘Christian Humanism'으로 정의되고 있다. 이러한 경향을 가장 잘 대변하고 있는 인물은 네덜란드 출신의 에라스무스Erasmus였다. 당대 유럽

최고의 지성인으로 꼽힌 그는 기독교 초창기의 헬라어 성경을 라틴어로 번역한 신약성서를 편찬하고, 동시에 『우신예찬』 등의 저술을 통해 당시 가톨릭교회의 부패상을 비판하고 고발했다. 이처럼 인간중심적인 세계관으로 무장한 채 중세 기독교 세계의 문제점을 날카롭게 지적한 르네상스 정신이야 말로 서양 근대화의 서막을 여는 변혁의 신호탄이 됐다.

에라스무스 초상화

2. 프로테스탄티즘의 탄생, 종교개혁

르네상스와 더불어 서양 근대화의 물꼬를 튼 또 다른 사건은 1517년 종교개혁이었다. 이는 Re-formation이라는 영어명이 말해 주듯 서양 정신세계의 '판'을 바꿀 정도로 큰 충격을 주었다. 이를 통해 중세 천년 동안 서유럽 사회를 지배해 온 교황의 권위가 무너졌고 가톨릭교회의 통일성이 타파되어 프로테스탄티즘Protestantism(개신교)이 탄생했다.

역사적 대 사건인 종교개혁은 1517년 10월 말 비텐베르크 대학 신학교수였던 마르틴 루터Martin Luther가 제기한 '95개조 반박문'에서 발화됐다. 이는 로마의 성 베드로 성당 건축기금을 충당할 목적으로 당시 독일 지역에서 자행되고 있던 '면죄부' 판매의 부당성을 지적하는 개인 의견서였다. 면죄부 구입과 동시에 연옥에 있던 자의 영혼이 천국으로 간다는 주장은 잘못된 것이고, "근본적으로 교황과 사제에게는 죄의 사면권이 없다"는 것이 핵심 내용이었다. 루터 반박문의 빠른 확산에 대해 로마교황청이 강하게 반응하면서 독일 시골의 한 신학교수가 밝힌 횃불은 거센 변혁의 바람을 타고 급기야 유럽 전체를 불바다로 만들었다.

루터는 가톨릭교회의 부패상을 비판하는 선에서 멈추지 않고 왜 로마교황청과의 단절까지 주장했을까? 문제의 발단은 '면죄부' 판매였으나 그 이전에 성직자의 부패와 타락은 중세사회에서 만연되어 있었다. 사치 방탕한 생활은 말할 것도 없고 성직이 매매되면서 심지어 문맹의 무자격 성직자들이 속출하게 됐다. 교회의 부패와 특히 면죄부 판매 비판으로 마음 상한 루터가 근본적으로 의문시한 것은 중세 가톨릭 신학 그 자체였다. 교회의 부패상만을 비판했던 에라스무스와는 달리 루터는 단순한 부패의 척결을 넘어서 교황의 지상권과 '행위'에 기초한 중세교회의 근본원리까지 반대했다.

면죄부 판매장면

마르틴 루터

루터는 어떠한 신앙원리로 무장하고 로마교황의 권위에 도전했을까? 우선, '믿음지상주의'를 들 수 있다. 구원은 교회의식의 준수나 인간의 선행이 아니라 '오직 믿음'을 통해서만 주어진다는 이 원리는 천년의 장구한 세월에 걸쳐서 확립되어온 중세의 구원론에 대한 도전이자 이에 근거한 가톨릭교회의 제반 관례와 제도를 총체적으로 거부하는 혁명선언이었다. 또 다른 신앙원리인 '만인사제주의'에서 모든 평신도는 그 자신이 사제로서 신神과 직접 교제할 수 있다고 말함으로써 그동안 신과 평신도 사이에서 신의 대리자 역할을 해 온 성직자계급을 불필요한 존재로 전락시켰다. 또한 오직 성경을 통해서만 신에 대한 진리를 찾을 수 있다고 주장함으로써 중세교회에서 중시해 온 교황의 교서나 종교회의 결정 등을 무용지물로 만들었다.

이러한 루터의 주장이 광야의 고독한 외침으로 끝나지 않고 독일인들에게 어필한 이유는 무엇일까? 물론 순수한 신앙적인 이유도 무시할 수 없으나 중요한 것은 당시 독일민중 사이에 로마교황청에 대한 국민적 불만이 쌓여왔다는 점이다. 외국인인 교황이 독일의 교회문제에 간섭함은 물론 자신들이 낸 거액의 종교세가 고스란히 로마교황청으로 가는 현실에 분노하면서 교황권의 배제를 갈망해 왔던 것이다. 이러한 상황에서 루터의 주장이 구텐베르크의 활판인쇄술 붐을 타고 팜플릿으로 제작되어 빠르게 독일인들에게 전해졌던 것이다.

이제 루터는 독일민중의 지지까지 얻게 됐다. 하지만 루터가 이 선에서 머물렀다면 그는 비슷한 주장을 했던 존 위클리프나 존 후스처럼 화형장의 잿더미로 사라졌을 것이다. 다행히 루터는 선각자들의 처지와는 달리 정치권력을 장악하고 있던 일부 독일 제후들의 지지를 받을 수 있었다. 합법적인 정치권력의 개입과 지원 덕분에 루터는 화형당하지 않고 역사에 이름을 남길 수 있었다. 군주권 확립을 열망하고 있던 당시 독일 중북부의 제후들은 필요한 재원 마련을 위해 교회재산에 눈독을 들이고 있었는데, 때 마침 루터가 등장해 고민 해결의 명분을 제공했던 것이다. 루터 역시 1521년 보름스 대논쟁 이후 작센의 선제후 프리드리히의 보호 하에 개혁 활동을 지속할 수 있었다.

일단 루터가 물꼬를 터놓자 개혁의 물결은 유럽 각지로 퍼져 나갔다. 이들 중 대표자로 오늘날 장로교의 창시자인 캘빈John Calvin을 꼽을 수 있다. 원래 프랑스 출신의 신교도였다가 종교박해를 피해 스위스로 이주한 그는 1540년 초부터 제네바에 정착, 시정市政까지 장악하면서 종교적 기반을 닦았다. 캘빈의 주장은 1536년 발간된 『크리스트교 강요綱要』에 총체적으로 담겨 있다. 필요시마다 팜플릿으로 자신의 신학원리를 설파한 루터에 비해 캘빈은 한 권의 완결된 책으로 체계화했던 것이다.

캘빈의 신앙원리들 중 이후 서양 근대화에 중요한 영향을 미친 것은 '예정설'과 '천직사상'이었다. 인간의 구원 여부는 신의 자의自意에 의해 미리 정해져 있다는 예정설은 신도들에게 실망이 아니라 오히려 활력을 주었다. 각자는 신으로부터 소명召命을 받았는데 이는 신이 맡겨준 세속적 직업에서 근검勤儉한 생활로 성공할 때 달성된다고 보았기 때문이다. 이윤 추구를 죄악시한 중세교회와는 달리 캘빈의 주장은 정당한 부의 축재를 합리화하는 사상으로 인식되어 당시 대두하고 있던 상공계층에게 크게 어필

했다. 금욕적 생활로 자본을 축적한 이들은 이후 서양 근대 자본주의 발전의 주체로 자리매김하는 바, 막스 베버는 1904년 발간한 『프로테스탄트 윤리와 자본주의 정신』에서 이를 심층적으로 분석했다.

16세기에 일어난 종교개혁은 이후 서양세계에 중요한 변화를 가했다. 우선, 중세 가톨릭교회의 통일성이 타파되어 유럽의 기독교 세계는 프로테스탄트 지역인 게르만적 중북부 유럽과 가톨릭 지역인 라틴적 남유럽으로 나뉘었다. 특히 루터가 내세운 '만인사제주의'는 신 앞에 만인 평등을 강조함으로써 이후 종교적 차원을 넘어서 정치적 권리 신장 및 개인 자유의 사상을 고양하는데 기여했다. 한마디로 루터에 의해 촉발된 종교개혁은 중세교회의 절대적 권위를 타파하고 유럽 근대화를 위한 정신적 토대를 구축했다고 평가할 수 있다.

반박문이 걸렸던
교회문 앞의 필자

3. 유럽의 대항해시대

오늘날 우리는 점차 좁아지는 지구촌에서 시시각각으로 일어나는 세계의 사건들과 접하면서 살아가고 있다. 이로 인해 특히 서양문화의 영향은 우리 개인생활의 일부로 간주해도 될 정도로 심대하다. 이러한 세계화 시대의 개막은 바로 15~17세기 포르투갈과 스페인을 필두로 유럽인들이 아시아와 아메리카 등 전 세계로 나아간 '대항해시대'를 통해서였다. 이때 형성된 교류는 수평적 성격의 것이 아니었기에 이후 전 세계적으로 서양 헤게모니의 확립과 식민지배라는 문제를 초래했다.

그렇다면 왜 유럽인들은 죽음이 어른거리는 힘든 대서양 항해에 나선 것일까? 이교도들에게 기독교를 전파한다는 선교정신이나 마르코 폴로의 『동방견문록』이 전해준 동양에 대한 호기심 등도 무시할 수 없으나, 무엇보다도 중요한 현실적 요인은 경제적인 것이었다. 당시 유럽에서 엄청난 고가高價였던 '동방의 향신료'을 직접 획득하려는 욕구에서 목숨을 걸고 검푸른 '악마의 바다'로 나갔던 것이다. 원래 향신료(후추, 계피, 정향 등)는 주산지였던 인도 남부와 동남아시아에서 채집되어 이슬람 상인에 의해 아라비아 반도를 거쳐 지중해 연안 도시에 도착하고, 이곳에서 베니스 상인을 통해 지중해를 건너 유럽 각지로 판매됐다. 이처럼 원거리에서 수차례 중간 손을 거친 후 최종 소비처에 당도한 탓에 당시 유럽에서 향신료는 매우 값진 물품이었다. 더구나 1453년 이스탄불을 정복한 오스만 터키가 기존 육상 무역로마저 폐쇄한 탓에 향신료의 가치는 황금에 비견될 정도로 치솟았다. 따라서 해로로 향신료의 본고장인 인도에 갈 수만 있다면, '대박'을 터트려 인생역전의 꿈을 이룰 수 있었다.

또한 이 시기에 제 분야에서 대서양 항해의 꿈을 현실화할 수 있는 여건이 마련됐다. 일찍부터 이슬람 정복자들과의 투쟁으로 통일적 집권국가의 형성이 앞섰던 이베리아 반도의 포르투갈과 스페인은 대양항해에 필요한 막대한 인적 및 물적 자본을 동원할 수 있었다. 지중해가 도시 단위의 바다였다면 대서양은 국가 단위의 바다였기 때문이다. 무엇보다도 이 시기에 기술적으로 유럽인들의 항해 능력이 크게 향상됐다. 지구과학의 발달로 보다 정확한 지도가 제작되고 원양항해에 긴요한 나침반과 천문관측의가 전래됐으며, 특히 조선술의 발달로 대양항해 및 대포 장착이 가능한 대형범선을 건조할 수 있었다. '부를 향한 열망'과 제반 여건의 성숙이 결부되어 마침내 유럽인들은 검푸른 대서양으로 나아갔던 것이다.

맨 먼저 대양항해를 주도한 것은 포르투갈이었다. 이베리아 반도의 끝단에 위치한 탓에 장기간 지중해 교역에서 쓴맛을 본 포

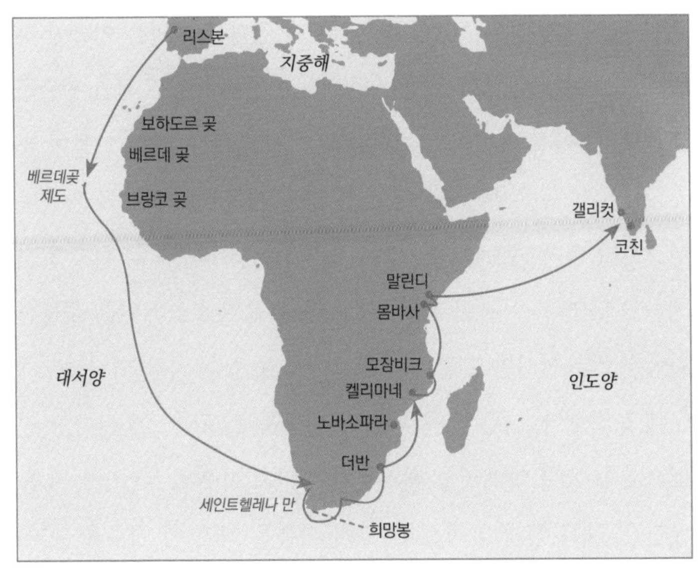

포르투갈의 인도항로 개척도

르투갈은 15세기에 접어들면서 선각자 엔리케 왕자의 영도 하에 '인도항로의 개척'을 국가 목표로 정하고 이를 추진했다. 그 결과 1487년 아프리카 최남단 희망봉에 이르렀고 이어서 1497년 바스코 다 가마가 인도의 캘리컷에 도착, 거의 1세기에 걸친 인도항로 개척이라는 위업을 달성할 수 있었다. 이후 포르투갈은 인도양의 향신료 무역과 동아시아와의 교역망을 장악하고 막대한 국부를 축적할 수 있었다.

포르투갈에 이어서 대항해로 나선 국가는 스페인이었다. 이베리아 반도에서 포르투갈과 경쟁관계에 있던 스페인은 이슬람 세력 축출이라는 종교적 소명을 완수하고 본격적으로 해외 진출을 모색했다. 이때 스페인의 이사벨라 여왕 앞에 나타난 인물이 바로 콜럼버스Christopher Columbus였다. 그는 서쪽으로 항해하면 동쪽 항로보다 먼저 인도에 도착할 수 있다고 주장하면서 후원자를 물색하고 있었다. 여왕의 지원으로 1492년 8월초 스페인을 출항한 콜럼버스는 천신만고 끝에 같은 해 10월 중순 지금의 서인도제도에 도착했다. 그는 죽을 때까지 이곳을 인도의 서쪽이라고 믿었으나 1504년 아메리고 베스푸치에 의해 이곳은 유럽인들이 몰랐던 '신대륙'임이 밝혀졌다. 그의 이름을 기려 이 대륙을 '아메리카'라고 부르는 바, 최초의 발견자인 콜럼버스로서는 참으로 억울한 일임에 분명하다.

신대륙으로 알려진 아메리카는 원시인들로 들끓은 미개지가 아니었다. 이곳에 상당한 수준의 문명이 있고, 특히 유럽인들이 그토록 갈망한 금과 은이 풍부하다는 소문이 퍼지면서 곧 바로 일확천금을 노린 각양의 무리들이 유럽(스페인)에서 건너 왔다. '탐험정복자'로 불린 이들 무리 중 1521년 멕시코의 아즈텍 제국을 정복한 코르테스와 1533년 페루의 잉카 제국을 무너뜨린 피사로가 두드러졌다. 이들은 머스킷 소총, 말과 갑주라는 우월한 무기체계와 천연두, 유행성 감기와 같은 유럽의 질병을 앞세워서 극히 소수의 병력으로 원주민들을 정복할 수 있었다.

이러한 유럽의 팽창은 이후 세계사 전개에 어떠한 영향을 미쳤을까? 유럽 자체로만 볼 경우 고대 이래 지중해 중심의 교역망이 약화되고 교역의 무대가 대서양으로 이동했다. 이에 따라 리스본, 암스테르담 등 대서양에 연한 도시들이 점차 번영을 누리게 됐다. 무엇보다도 신대륙에서 들어온 다량의 금은으로 인해 16세기 동안 상업이 번창하면서 자본주의 발전의 물적 토대가 마련됐다. 하지만 이러한 유럽의 경제적 번영이라는 '빛'에는 타자의 희생이라는 '그림자'가 짙게 깔려 있었다. 유럽인들의 도래와 더불어 특히 아메리카 대륙은 물적 수탈과 인적 압제로 큰 고통을 당했다. 영화 『미션』에서 엿볼 수 있듯 금은을 얻기 위한 무자비한 착취가 다반사로 자행됐다. 그 결과 아메리카의 인구는 단기간에 급감했고, 이의 해결책으로 아프리카 흑인을 포획해 데려오는 악명 높은 노예무역이 등장했다. 수많은 인간들의 '눈물과 한恨'이 서리기 시작한 것이다.

16세기에 본격화된 해외 팽창으로 인해 이제 유럽인의 활동무대는 지구 전체로 확대됐다. 1522년 마젤란 선단의 세계일주 성공은 바로 이를 역사적 사실로 과시했다. 하지만 이는 대등한 입장의 평화적 교류가 아니라 세계의 유럽화, 즉 '갑과 을'의 불편한 관계망 대두라는 씁쓸한 유산을 남겼다.

4. 유럽의 절대왕정 시대

16~18세기를 유럽사에서 '절대왕정Absolute Monarchy' 시대라고 부른다. 15세기에 접어들어 지방분권적이던 중세사회가 해체되고 권력이 왕에게 집중되는 절대주의 국가가 등장했다. 중앙집권화 과정을 통해 영국에서는 튜더 왕가, 프랑스에서는 부르봉 왕가, 오스트리아에서는 합스부르크 왕가가 출현했다. 이러한 절대왕정은 중세 봉건국가에서 프랑스혁명 이후 대두하는 근대 국민국가로 나아가는 과도기 역할을 했다. 이 시기 관건은 왕권강화였기에 각국은 경쟁적으로 화려함의 극치를 이룬 대규모 궁전을 건립하여 권위의 물적 기반으로 삼고자 했다. 오늘날 유럽여행 시 단골 방문 장소로 각광받는 프랑스의 베르사유 궁전, 영국의 버킹엄 궁전, 그리고 오스트리아의 쇤브룬 궁전 등은 바로 이러한 절대왕정의 산물이었다.

절대왕정은 지방분권적이던 중세 봉건체제의 붕괴라는 변화 속에서 탄생했다. 14세기가 되면서 중세 사회의 중추였던 봉건영주와 교회의 세력이 약화되기 시작했다. 또한 영지 주변에 형성된 도시의 영향력이 커지고 주변 지역으로 확산되면서 중세사회를 지탱하던 장원경제가 무너졌다. 특히 14세기 중엽 서유럽을 휩쓴 '흑사병'의 여파로 유럽 인구가 급감하면서 노동력 부족

현상은 더욱 심화되어 장원경제의 붕괴를 가속화했다. 설상가상으로 중세의 무력기반이던 기사군의 무장력도 크게 약화됐다. 십자군원정(1092~1270), 백년전쟁(1338~1453) 등을 치루면서 기사들의 수가 감소했고, 무엇보다도 소총과 대포 등 화약무기가 도입되면서 성곽과 기병에 의존한 중세 무기체계의 한계가 드러났다.

때마침 왕권 강화를 갈망하고 있던 국왕에게 든든한 원군援軍이 나타났다. 상업 활동으로 부를 축적한 상업시민계층이 등장, 왕권 신장을 저해하는 봉건영주 세력을 누르는데 필요한 재원을 충당해 주었다. 이를 바탕으로 국왕은 강력한 상비군을 육성해 봉건영주들의 반발을 잠재우고 종국에는 충성을 받아낼 수 있었다. 상업시민계층은 자유롭고 안전한 교역 활동과 통일된 경제권 확립이 가져다줄 이점 등을 기대하며 국왕과 손을 잡았다. 물론 이러한 국왕과 시민계급의 결탁이 근본적으로 일시적 현상임이 드러나는 데는 오랜 시간이 걸리지 않았지만 말이다.

국왕은 온갖 방법을 동원해 권력의 공고화를 꾀했다. 무엇보다도 왕권신수설王權神授說을 정립해 통치의 이론적 기반을 마련했다. 루이 14세의 '국가, 그것은 바로 나다'라는 호언에서 알 수 있듯이 권위의 근거를 신의 특별한 은총에서 구했다. 이와 더불어 실질적인 통치수단을 확보하는 데도 심혈을 기울였다. 관료제

태양왕, 루이 14세의 초상화

도, 조세제도, 사법제도의 정비를 통해 절대왕정의 통치기반을 구축했다. 무엇보다도 가장 직접적이고 절실했던 수단은 군사력이었다. 대내적으로는 왕권에 대한 저항세력을 억압하고, 대외적으로는 외세의 침략에 대비하기 위함이었다. 따라서 각국은 상비군 제도를 도입하고 경쟁적으로 병력 규모를 늘려갔다. 자연스럽게 전쟁이 빈발하게 됐고 새로운 전략전술 및 무기체계가 개발됐다. 대표적 충돌로 1980년대에 서양 역사학계의 큰 화두였던 '군사혁명' 논쟁을 촉발시킨 30년 전쟁(1618~1648)을 꼽을 수 있다.

이 시대에 왕권의 강화는 곧 국력의 신장을 의미했다. 고로 개인의 경제활동에 국가가 적극 개입하는 중상주의 정책을 통해 상업과 무역을 장려하고 궁극적으로 국부를 증대시키고자 했다. 루이 14세의 재상으로 프랑스를 유럽의 최강국으로 올려놓는데 크게 기여한 콜베르의 "풍부한 화폐는 국력이다"는 언급처럼 수출장려, 수입 억제, 그리고 이를 통한 화폐의 축적은 당대의 공통적 키워드였다.

이러한 외적 조치들에 더해 절대왕정은 종교 및 문화 활동을 통해 '신민의 동질화'를 꾀했다. 종교계의 협조로 국왕의 신적 권위를 고양함과 동시에 일반백성에게 기독교의 교리 준수를 강조하고, 국가종교가 정한 테두리에서 벗어나려는 시도들을 '마녀사냥'이라는 이름으로 응징했다. 한마디로 지배계층의 문화를 일반

대중에게 강요하여 문화적 일체감을 형성하고 이를 통해 왕권을 강화코자 한 것이었다. 국내적으로는 장엄한 각종 의식이나 국가적 행사 거행 및 웅장한 궁전 건축을 통해, 그리고 대외적으로는 전쟁을 통해 신민의 결속을 다지고 국왕의 영광을 만천하에 알리고자 했다.

절대왕정의 성립 시기는 국가마다 상이하나 등장한 과정은 유사했다. 서유럽의 경우, 맨 먼저 절대왕권을 수립한 국가는 스페인이었다. 8세기 이래 이베리아 반도를 정복하고 있던 이슬람 세력과의 오랜 투쟁과정을 거치면서 자연스럽게 왕권이 강화됐던 것이다. 대항해 시대를 선도한 16세기 동안 절정에 달했던 스페인의 국력은 1588년 영국 침공에 실패하면서 기울게 됐다. 튜더 왕조를 개창한 영국은 헨리 8세와 특히 엘리자베스 1세 시대(재위 1558~1603)를 거치면서 왕권강화와 국력신장에 매진, 유럽의 주변국에서 중심국가로 진입했다. 절대왕정하면 누가 뭐래도 프랑스의 부르봉 왕조를 꼽을 수 있다. 영국과 벌인 백년전쟁, 국내의 종교전쟁 등을 거치면서 왕권을 확립, 부르봉 왕조를 개창한 프랑스는 '태양왕'으로 자칭한 루이 14세의 치세(재위 1643~1715)에 절대왕정의 절정을 이뤘다.

절대왕정이 번성한 16~18세기는 중세 봉건체제에서 근대 시민사회로 발전해 가는 과도기였다. 시민계급의 성장과 더불어 근대성이 점차 확대됐으나, 여전히 국가와 왕조가 동일시되고 군대와 관료는 오로지 국왕에게만 충성하는 '왕조국가Dynasty State'였다. 이후 성장한 시민계급이 경제력에 부응하는 정치적 참여를 외친 혁명적 사건들이 터지면서 절대왕정은 종곡을 고하게 된다. 하지만 절대왕정이 중앙집권적 통치체제를 확립하여 근대 국민국가가 출현할 수 있는 기반을 마련하고, 중상주의를 통해 상업 활동을 장려함으로써 근대 자본주의 발달에 기여했음은 부인하기 어렵다.

AMERICA
AMERICA SEPTENTRIONALIS
MAR DEL NORT
MAR DEL ZUR
MARE PACIFICUM
Circulus Æquinoctialis
Tropicus Cancri
Tropicus Capricorni
Fretum Magalanicum
Nova Francia
Insulæ Salomonis
AMERICA MERIDIONALIS
TERRA AUSTRALIS

제 3 장

근대 시민사회의 탄생

1. 의회가 국왕의 위에 서다, 17세기 영국혁명

19세기 이래 서양에서는 근대 국민국가가 출현하고 자유민주주의가 확산됐다. 하지만 이는 공짜로 얻은 것이 아니었다. 17세기 이래 서양에서는 중세의 봉건적 잔재와 절대왕정의 억압을 타파하고 일반 시민의 '자유'의 확장을 위해 수차례의 혁명적 유혈 사태가 벌어졌다. 17~18세기를 '혁명의 시대'라고 부르는 이유도 여기에 있다. 혁명의 와중에 흘린 피에는 위로는 국왕의 것도 아래로는 민중의 것도 있었다. 17세기 중엽의 격변을 통해 영국은 근대국가로의 발전 기틀을 마련했을 뿐만 아니라 무엇보다도 민의와 인권을 존중하는 의회민주주의를 정착시킴으로써 이후의 제반 혁명적 사건에 전범典範이 됐다.

이 시기 서양세계에서 일어난 3대 혁명 —영국혁명, 미국혁명, 프랑스혁명— 중 최초의 것이 바로 영국혁명(1639~1649)이었다. 영국혁명은 1639년 스코틀랜드의 장로파 군대가 잉글랜드를 침입하면서 촉발됐다. 당시 영국의 통치자는 스튜어트 왕조의 찰스 1세였다. 그는 1603년 잉글랜드 왕위를 계승한 제임스 1세의 아들로 1625년 부친을 이어 국왕이 됐다. 찰스는 부친과는 달리 노골적으로 왕권의 우위를 내세우며 의회를 무시하고 전제정치를 자행했다. 예컨대, 자선세나 선박세 등 새로운 세금을 의회의 동의도 없이 임으로 부과하거나, 당시 영국인들이 혐오하던 가톨릭 국가들(스페인, 프랑스)과 왕실 간 혼인관계를 도모했다. 무엇보다도 그동안 유지되어온 종교의 자유를 무시하고 엄격한 국교의식과 국교회 신앙을 강요했다. 이처럼 왕실에 대한 불만이 누적되어 오던 중 장로교도가 절대다수인 자국에도 국교회를 강요한데 분노한 스코틀랜드 군대가 급기야 1639년 잉글랜드로 쳐들어왔던 것이다.

절대왕정 전성기였음에도 왜 영국에서는 국왕의 전제정치에 대해 거센 저항이 가능했을까? 우선, 영국의 절대왕정은 전통적으로 의회(하원)와의 타협을 통해 유지되어 왔다. 1215년 대헌장 채택 이래로 영국에서는 의회가 발전해 오면서 점차 입법권과 과세동의권을 갖는 입헌적 전통이 형성됐다. 따라서 국왕이 새로운 세금을 부과코자할 경우, 사전에 의회의 동의를 얻어야만 했다.

국왕은 왜 의회의 동의를 구할 수밖에 없었을까? 여기에는 의회를 든든하게 받쳐주고 있던 힘, 즉 시민계급이 있었기 때문이다. 영국에서는 유럽 대륙보다 먼저 중세의 장원제도가 해체되면서 일찍부터 자유로운 경제활동이 가능해져서 농민의 계층분화가 가속화됐다. 이로써 지방에서는 근대적인 농업경영으로 부를 축적해 지방행정을 장악한 젠트리 계층이, 그리고 도시에서는 상인이나 법률가 등 새로운 신흥계층이 형성되어 정치적 참여를 열망하고 있었다. 때마침 찰스 1세의 전제정치에 대해 공통의 불만을 갖고 의회를 중심으로 서로 결집, 강력한 반대세력을 형성했던 것이다.

이러한 상황 속에서 양측의 대립을 무력충돌이라는 극단으로까지 몰고 간 것은 첨예한 '종교적 갈등'이었다. 종교문제가 왕권과 의회의 대립에서 양측을 서로 결속된 투쟁집단으로 만드는데 중요한 역할을 했던 것이다. 혁명 전 영국에서는 수장령(1534), 통일령(1559) 등을 통해 로마교황청과 결별하고 영국 왕을 수반으로 하는 국교회Anglican Church가 성립됐다. 하지만 교리나 예배의식에 여전히 가톨릭적 요소가 남아 있던 탓에 이의 '정화purify'를 열망하고 있던 신교도(청교도) 측의 반발을 샀다. 이러한 종교적 전통이 특히 강했던 스코틀랜드에서 먼저 혁명의 불길이 타오른 것은 어찌 보면 당연한 일이었다.

1639년 스코틀랜드 군의 잉글랜드 침입은 그동안 누적되어 온 국왕과 의회의 대립을 표출시키는 계기가 됐다. 침략군에 대항할 군대 모집을 위해 전비가 필요했던 찰스 1세가 의회를 소집하자 의원들은 이를 계기로 한 목소리로 국왕의 전제정치를 비판했다. 국왕이 의회를 해산하고 재소집하는 과정을 거치면서 서로 막다른 골목에 이른 양측은 1642년 8월 국왕을 지지한 왕당파와 반대한 의회파로 갈라져서 무력 충돌했다. 전투 초기에는 왕당파가 우세를 점했으나 곧 청교도 자영농민을 주축으로 한 크롬웰Oliver Cromwell의 철기군이 맹활약을 펼치면서 전세는 점차 의회파 쪽으로 기울었다. 마침내 1645년 6월 잉글랜드 중부의 네이즈비

영국통치자로 임명되는 크롬웰

Naseby에서 벌어진 결전에서 크롬웰 군이 승리하면서 국가의 권력은 의회파의 수중에 놓이게 됐다.

그러나 혁명이라는 이상과 이를 실천하는 현실 사이에는 커다란 괴리가 있었다. 국왕이라는 공동의 적대세력을 물리친 의회파는 이후 특히 국왕의 처리 문제를 놓고 온건파(장로파)와 강경파(독립파)로 분열하여 치열한 권력투쟁을 벌였다. 이러한 대치 상황에서 군대의 지지를 등에 업은 독립파의 크롬웰이 의회에서 장로파를 축출하고 실권을 장악했다. 1649년 1월 국왕 찰스 1세를 처형한 크롬웰은 '공포와 덕의 지배'를 내세우며 약 10년 동안 독재정치를 자행했다. 하지만 엄격한 청교도적 교리를 강요하는 크롬웰 통치에 대한 영국민들의 불만이 고조되어 1658년 그의 사망 후 왕정복고로 이어졌다.

프랑스에 망명하고 있던 찰스 2세가 영국의 왕으로 추대됐다. 하지만 찰스 2세와 1685년 그를 계승한 제임스 2세는 과거의 교훈을 망각하고 다시 강력한 전제정치를 추구했다. 그러자 이번에도 의회가 들고 일어나 제임스 2세를 쫓아내고 1689년 메리 스튜어트와 그녀의 남편 윌리엄을 영국의 공동 왕으로 추대했다. 이때 새로운 통치자는 의회의 입법권과 과세권 인정, 언론의 자유 보장 등을 명시한 '권리장전Bill of Rights'을 승인해야만 했다.

이제 영국에서는 '국왕은 군림하되 통치하지 않는다'는 입헌

정치가 수립되어 전 세계에 의회정치의 모범을 보였다. 개인 차원에서 종교적 관용이 확산되고 신체 및 언론의 자유가 확보되는 등 혁명을 통해 자유의 중요성에 대한 인식이 널리 전파되고 근대적인 다양한 사상들이 소개됐다. 하지만 이는 출발에 불과할 뿐 진정한 자유와 평등의 성취는 더 오랜 세월을 기다려야만 했다.

2. 세계 최강국의 초석을 놓다, 미국 독립혁명

오늘날 미국이 세계 최강대국임을 부인하는 사람은 아마 없을 것이다. 최근 중국의 급성장을 언급하지만 제반 측면에서 여전히 미국이 앞서 있음도 사실이다. 그런데 미국은 5천년 역사를 자랑하는 우리나라나 이 보다 더 오랜 역사를 지닌 중국에 비하면 250살도 안된 애송이에 불과하다. 미국은 영국을 비롯한 유럽계 이주민들에 의해 개척되고 설립된 국가이다. 하지만 미국의 탄생 역시 거저 주어진 것이 아니었다. 1776~1783년에 걸친 영국과의 치열한 독립전쟁과 혁명을 통해 세계 최초의 민주공화국으로 등장하며 세계 최강국을 향한 발걸음을 내디뎠던 것이다.

미국은 유럽인들 특히 영국에서 온 정착민들에 의해 개척되기 시작했다. 유럽인들에게 신대륙으로 알려졌던 북미 대륙은 비옥한 토양에 풍부한 강수량과 지하자원 등 인간이 생활하기에 양호한 조건을 갖추고 있었다. 물론 원주민 인디언들이 있었으나 이곳은 출발부터 광대한 자연과 자유의식 강한 문명인과의 결합이 이뤄진 일종의 시험장이었다. 17세기 초반 이래 유럽 각지에서 북아메리카로 사람들이 몰려들었으나 정작 정착에 성공한 것은 영국에서 온 이주민들이었다.

하필이면 왜 영국계 이주민들이 주인공이 됐을까? 사실 스페인과 프랑스도 일찍부터 북미 대륙에 진출했고, 영국보다 더 넓은 면적을 차지하고 있었다. 스페인의 경우, 북미의 태평양 연안과 남부 지역을 장악하고 있었고, 프랑스는 광대한 중북부 지역을 수중에 넣고 있었다. 이들에 비하면 영국인들은 상대적으로 작은 동부지역에 뿌리를 내리고 있었다. 무엇보다도 이들 삼국은 신대륙에 진출한 목적에서부터 확연한 차이를 보였다. 영국인들이 처음부터 정착을 목적으로 대서양을 건너온데 비해 스페인인들은 금은을 획득하기 위해 그리고 프랑스인들은 정착보다는 인디언들과의 모피 거래라는 상업적 목적에 더 큰 비중을 뒀던 것이다.

1620년 종교의 자유를 찾아 영국에서 메이플라워호를 타고 미 동부에 정착한 청교도 집단을 '필그림 파더스Pilgrim Fathers'라고 부르며 오늘날 미국을 세운 뿌리로 보고 있다. 이들이야 말로 종교적 자유와 자치의 전통이라는 민주주의의 씨앗을 아메리카 식민지에 뿌린 주인공들이었다. 낯선 땅에 정착한 이들은 평등한 위치에서 논의와 협력을 통해 공동체를 유지 및 발전시켜 나갔던 것이다. 나중에 영국 본국정부가 이러한 전통을 무시한 채 강압적인 태도를 보이자 이들이 분개한 것은 어찌 보면 당연한 반응이었다.

서양의 다른 혁명들처럼 미국 독립혁명도 직접적으로는 '돈 문제' 때문에 불거졌다. 원래 영 본국정부는 아메리카의 13개 주州 식민지에 대해 적극 간섭하지 않고 본국과의 교역을 활성화하는 방향에서 이른바 '유익한 방임salutary neglect' 정책을 유지해 왔다. 그런데 프랑스와 겨룬 7년전쟁(1757~1763)으로 전비戰費 및 식민지 방어 경비가 급증하자 이를 식민지 주민들에게 부담시키기로 결정하고 적극적인 과세정책을 취하기 시작했다. 단기간 내에 설탕세, 인지세, 차세 등 각종 세금을 신설해 이를 식민지인들에게 부과했다.

이러한 본국 정부의 강압적 정책에 대해 강한 자치전통을 갖고 있던 식민지인들의 저항의식이 발동했다. 이들은 "대표 없이 과세 없다"고 외치면서 납세 거부운동과 본국상품 불매운동으로 맞섰다. 이처럼 대립과 갈등이 고조된 상황에서 1773년 12월 일단의 식민지인 청년들이 보스턴 항구에 정박 중이던 영 동인도회사의 차茶 꾸러미들을 바다에 던진 '보스턴 차사건'이 터졌다. 이에 대해 런던 정부가 보스턴 항구를 폐쇄하고 군대를 주둔 시키는 등 강경하게 대응하면서 사태는 곧 무력 충돌과 혁명으로 비화했다.

영 본국 정부로부터 독립을 바란 식민지인들의 열망은 1774년 9월 동부 13개 주 대표들이 참석한 대륙회의로 이어졌다. 급기야 이듬 해 렉싱턴과 벙커힐에서 영국군과 식민지인들 간에 무력충돌이 벌어졌다. 초반 열세에 놓여 있던 식민지 군은 조지 워싱턴 장군의 지휘 아래 전열을 갖추면서 점차 영국군에 맞설 수 있게 됐다. 혁명 초기에 발간된 톰 페인의 『상식론』과 무엇보다도 독립선언서의 공포(1776. 7. 4)는 식민지인들의 사기를 높이고 저항의 정당성을 부여해 줬다. 프랑스군의 지원으로 더욱 증강된 식민지 군은 마침내 1781년 요크타운 전투에서 영국군에게 최후의 일격을 가할 수 있었다. 1783년 런던 정부는 파리강화조약을 통해 국제적으로 미국의 독립을 승인할 수밖에 없었다.

마침내 신생 독립국 미국이 탄생했다. 하지만 식민지 상태에서 벗어난다는 것과 새로운 국가를 세운다는 것은 이상과 현실만

독립선언서 공포

큼이나 그 간극이 컸다. 무엇보다도 국가의 기틀인 헌법을 제정하는 과정이 만만치 않았다. 1787년 필라델피아에서 제헌의회가 소집되어 헌법에 대한 논의가 본격화됐다. 초반부터 회의는 앞날을 점칠 수 없을 정도로 열띤 논쟁에 휩싸였다. 핵심은 향후 취할 국가형태와 국민을 대변할 의회의 구성에 관한 문제였다. 전자와 관련해서는 중앙집권국가를 주장한 통합주의자들과 주별 국가 건설을 내세운 분리주의자들 간에 절충이 이루어져 '연방정부'가 탄생하게 됐다. 후자의 경우, 뉴저지 주가 제시한 '주별 투표권 행사'라는 소주안小州案과 버지니아 주의 '인구비례에 의한 투표권 행사'라는 대주안大州案으로 팽팽하게 맞서다가 벤저민 프랭클린의 중재로 타협이 이뤄져 하원은 인구비례로, 상원은 각 주당 2명 동수同數로 구성키로 결정됐다. 이 때문에 미국헌법은 '타협의 산물'로 불리기도 한다.

마침내 1789년 총 7개조로 구성된 최초의 미국 헌법이 모습을 드러냈다. 이 헌법은 주권재민의 원칙에 입각한 민주공화정부를 표방하면서 몽테스키외의 계몽사상에 입각해 삼권분립을, 그리고 헌법 명문화를 통해 법치의 원칙을 분명히 했다. 신대륙 식민지인들이 달성한 빛나는 성취는 구대륙 유럽인들의 자유 의식을 일깨워서 곧 프랑스혁명으로 이어졌다.

3. 절대왕정의 숨통을 끊다, 프랑스 대혁명

오늘날 우리는 성년이면 누구나 정치참여가 가능한 국민이 나라의 주인인 자유로운 세상에 살고 있다. 하지만 역사적으로 이는 공짜로 주어지지 않았다. '자유'와 '평등'의 이념을 가장 극명하게 드러내고 이를 유럽 대륙은 물론이고 전 세계로 파급시키는 데 가장 커다란 공헌을 한 사건은 바로 1789~1799년에 벌어진 프랑스혁명이었다. 자유, 평등, 우애라는 세 이념을 내세우면서 국왕 루이 16세 부처를 단두대로 보낼 정도로 치열하게 전개된 프랑스혁명의 과격함과 그것이 남긴 영향이 너무 크다보니 혹자는 이를 '세계를 뒤흔든 10년'으로 또는 '대혁명the Great Revolution'으로 지칭한다. 프랑스혁명을 통해서 특히 정치면에서 진정한 근대화가 시작됐다고 볼 수 있다. 그래서 18세기말이라는 비슷한 시기에 일어난 프랑스혁명과 산업혁명을 19세기 이래 서양세계를 떠받치고 있는 두 기둥으로 평가하고 있다.

당시 유럽의 선진국이었던 프랑스에서 엄청난 피를 흘린 혁명이 일어난 이유는 무엇일까? 프랑스혁명이 불붙게 된 직접적 요인 역시 '돈 문제' 때문이었다. 즉, 혁명 직전에 프랑스의 부르봉 왕조는 거의 파산지경에 이를 정도로 극심한 채무에 시달리고 있었다. 이 문제를 해결하기 위해 전통적으로 면세특권을 누리고 있던 귀족계급에게 토지세를 신설해 부과하려고 하자 이들이 반발했다. 궁지에 몰린 국왕이 하는 수 없이 차선책으로 신분제 의회인 삼부회를 소집하면서 그동안 불만에 쌓여 있던 중산시민계급이 궐기해 1789년 7월 급기야 혁명적 사태로 발전했던 것이다. 아이러니하게도 특권층이던 귀족들이 혁명에 불을 붙여주는 역설이 발생했다.

혁명이 발발한 요인은 이러하지만 이것이 혁명으로 발전한 데는 보다 근원적인 원인이 있었다. 우선, 혁명 전 프랑스 왕실은 왜 극심한 재정난을 겪게 됐는가하는 점이다. 루이 14세 이래 프랑스는 무모한 전쟁을 지속해 왔고, 7년 전쟁(1757~1763)에서의 패배와 특히 미국 독립전쟁 지원으로 엄청난 국고를 지출해 왔다. 설상가상으로 관직 중복이나 만연한 부정부패와 같은 부르봉 왕실의 불합리한 정부 운영으로 세수는 점차 줄어들어 왕실 재정은 고갈됐다. 더욱 심각한 것은 혁명 전 프랑스 사회는 혈통이 모든 것을 좌우하는 신분제 사회로서 성직자와 귀족으로 대표되는 소수 특권계급이 국부의 절반 이상을 차지하고 있으면서도 면세 혜택을 누리고 있었다. 이들이 각종 특권을 향유한데 비해 18세기 동안에 그 수가 늘어난 프랑스의 중산계급은 세금만 납부할 뿐 정부의 각종 공직 참여에서 배제되어 있었다. 이들의 불만이 누적되어 부글부글 끓는 것은 당연했다.

여기에 당시 프랑스에서 꽃피고 있던 계몽사상이 이념적 자극제가 됐다. 계몽사상가들은 인간의 이성을 중시하며 이를 기준으로 무한한 진보로 이어질 각 분야의 자연법을 발견코자 했다. 예컨대, 몽테스키외는 삼권분립 원칙에 입각해 왕권에의 권력집중을 비판했고, 루소는 주권재민의 원리에 입각해 왕권신수설의 부당함을 고발했다. 이러한 주장들이 당대에 발달한 인쇄술의 도움 하에 유인물로 제작·배포되어 일반대중의 혁명의식을 고취했다.

이러한 제반 원인들로 그동안 쌓여 온 일반민중의 불만이 마침내 1789년 7월 14일 폭발했던 것이다. 파리 시민들의 바스티유 감옥 습격사건으로 불붙은 소요사태는 곧 파리 시내를 넘어 프랑스 전국으로 확산됐다. 이때부터 1799년 11월까지 거의 10년 동안 프랑스는 내우외환의 소용돌이에 휘말렸다. 혁명은 그 과격성 정도를 기준으로 볼 때, 크게 3단계로 진행됐다. 처음에는 입헌군주제를 표방한 온건한 성향의 중산시민계급 주도로 혁명이 전개되어 봉건제 폐지, 인권선언서 공포, 헌법 제정 등의 성과를 냈다. 하지만 혁명 사태로 인한 기존질서의 와해 및 주변 외세의 침략은 프랑스 사회를 더욱 자극했다. 과격화의 바람을 타고 공화정과 국왕의 처형을 주장하면서 하층시민계급의 지지를 등에 업은 자코뱅파가 득세하게 됐다. 이들은 공포정치를 단행, 수많은 반대파 인사들을 단두대로 보냈다.

1년에 걸친 공포정치에 질린 프랑스 인들은 1794년 7월 급진파 지도자 로베스피에르를 체포해 처형했다. 이제 혁명은 온건한 반동의 시기로 접어들었으나 새로 들어선 총재정부는 사회 각계각층의 불만을 해결할 수 없었다. 곧 무질서가 뒤를 이었다. 이제 오랜 혁명 사태에 지친 프랑스인들은 자유보다는 안정과 질서를 원하게 됐고, 이러한 분위기를 간파한 청년 장군 나폴레옹은 1799년 11월 군사쿠데타를 일으켜 실권을 장악했다. 혁명의 마무리 작업은 '군사 천재'로 알려진 나폴레옹의 손에 맡겨지게 됐다.

10년에 걸친 혁명을 통해서 앙시앵 레짐(구제도)하의 프랑스는 사라지고 새로운 사회가 도래했다. 정치적으로는 '짐은 곧 국가다'라고 외쳤던 부르봉 왕조가 타파됐고, 사회적으로는 신분제라는 굴레를 벗고 누구나 법 앞에 평등하게 됐다. 혁명 기간 동안에 외세와의 전쟁을 벌이면서 이제 프랑스는 왕의 나라가 아니라 내 나라('프랑스 공화국')라는 국민적 일체감이 형성됐다. 무엇보다도 혁명을 통해 근대 시민사회 발전의 정치적 토대를 마련하고, 자유·평등·우애의 이념을 전 세계로 분출했다.

그런데 아이러니하게도 프랑스혁명에서 분출된 각양의 주장들을 종합 및 체계화하여 이를 각지로 전파한 주인공은 바로 나폴레옹이었다. 그는 1804년 나폴레옹 법전을 편찬했고, 애국적 열정으로 무장한 프랑스 군인들을 이끌고 알프스 산맥을 넘고 라인 강을 건너면서 자유와 평등이라는 자유주의의 씨앗을 뿌렸던 것이다. 하지만 처음에 해방자로 환영받은 프랑스인들이 곧 압제자로 변한 사실을 통해 볼 때, 자유와 평등의 이념이 뿌리를 내려 열매 맺기까지 얼마나 많은 희생과 노력이 필요한지를 재삼 상기시켜준다.

아우스터리츠전투에서 승리한 나폴레옹

4. 19세기 자유주의, 자유의 열매를 향한 긴 여정

프랑스대혁명을 통해서 프랑스에서는 부르봉 왕조의 절대주의 체제가 무너지고 자유·평등·우애의 이념이 표출됐다. 이후 '자유'라는 민들레의 홀씨는 나폴레옹과 그의 프랑스 군대에 의해 유럽 전역으로 흩뿌려졌다. 그렇다면 이러한 씨앗들은 모두 순조롭게 발아했을까? 그렇지 않다. 프랑스혁명이 가져다준 따스한 봄날에 뒤이어서 '보수반동'이라는 스산한 겨울이 유럽 대륙을 덮쳤기 때문이다. 모진 겨울을 견디고 나서야 비로소 자유의 씨앗은 그 꽃을 피울 수 있었다. 19세기 전반기 서양의 역사는 자유는 언제나 그에 합당한 대가를 요구하고 있음을 보여준다.

유럽의 19세기를 개관해 볼 때, 정치적으로 전반기에는 자유주의Liberalism가, 그리고 후반기에는 민족주의Nationalism가 우세한 경향으로 발현된 것을 엿볼 수 있다. 자유주의의 경우에는 프랑스대혁명 이후 공화제를 재성취하려는 프랑스인들의 자유를 향한 투쟁에서, 그리고 민족주의의 경우에는 1860년대에 달성된 이탈리아와 특히 독일의 국가통일 과정에서 극명하게 표출됐다. 이번 글에서는 주로 전자에 초점을 두어 고찰하고자 한다.

자유주의란 무엇인가? 각 주체마다 처한 상황과 형태가 다르기에 이를 정의하기가 어렵지만, 자유주의의 핵심원리는 '개인의 자유 추구', 달리 말해 '자의적 권위로부터의 해방'이다. 그런데 역사적으로 자유주의의 전개 양상은 지역과 시기에 따라 다양하게 나타났다. 예컨대, 영국이나 프랑스처럼 개인 자유가 이미 확보된 곳에서는 참정권 획득 및 공화제 추구로 나타났으나 체코나 폴란드처럼 외세의 지배하에 있던 지역에서는 개인 자유 이전에 먼저 민족의 자유를 쟁취하려는 방향으로 표출됐다.

나폴레옹의 프랑스 군대를 격파한 영국과 러시아를 비롯한 전승국의 대표들은 전후처리 문제를 논의하기 위해 1814년 9월 오스트리아 제국의 수도 빈Wien에 모였다. 지난 15년 동안 나폴레옹이 헤집어 놓은 유럽의 국제질서를 재확립하기 위함이었다. 이듬해 6월까지 지속된 회담을 통해 평화조약이 체결됐는데, 이렇게 해서 출범한 유럽의 국제질서를 일명 '빈 체제'라고 불렀다. 그런데 문제는 당시 오스트리아의 수상 메테르니히가 주도한 빈 회담에서 정통복고주의를 추구해야할 기본정신으로 정했다는 점이다. 여기서 '정통복고'란 프랑스혁명 이전의 왕조와 영토를 정통으로 보고 그때의 상태로 역사의 수레바퀴를 되돌린다는 것을 의미했다. 한마디로, 1848년 와해될 때까지 존속한 빈 체제는 혁명이념의 확산을 억압하면서 과거 질서의 회복을 꾀한 '보수반동적' 성격의 국제질서였다.

프랑스혁명의 혼란 속에서도 살아남은 옛 기득권층이 재차 역사의 전면에 등장했다. 정통주의에 입각해 프랑스와 스페인에서는 부르봉 왕조가 복위됐다. 무엇보다도 유럽 각지에서 일어난 자유주의 운동이 탄압을 받았다. 빈 회담 직후 전승국들은 신성동맹과 특히 4국동맹(오스트리아, 프로이센, 영국, 러시아)을 결성, 자유주의 운동을 무력으로 짓눌렀다. 예컨대, 독일 지역에서 젊은 학생들 중심으로 일어난 학생조합운동은 메테르니히의 '칼스바트 포고령'으로 철퇴를 맞았고, 이탈리아에서 동족의 자유를 외친 카르보나리당의 봉기는 오스트리아 군대의 총칼 앞에 좌절됐다.

이처럼 암울한 시기에 동토凍土를 뚫고서 재차 자유의 깃발을 들어 올린 주인공은 혁명의 나라 프랑스였다. 빈 회담 이후 복위된 부르봉 왕조의 루이 18세는 온건한 보수정책을 지향하면서 가능한 한 개혁세력과의 충돌을 피하려고 했다. 하지만 1824년 그를 계승한 샤를 10세는 자유주의 세력의 존재를 무시하면서 강력한 보수반동정책을 추진했다. 보상정책이라는 미명하에 프랑스혁명 시 해외로 도피했다가 돌아온 옛 귀족들의 재산상 손실을 국민 세금으로 충당해 주고, 골수 보수였던 폴리냑 공을 내각 수반으로 임명하여 자유주의 운동을 탄압했다. 점차 불만이 쌓인 자유주의 세력은 화가 들라크루아가 〈민중을 이끄는 자유의 여신〉에서 극명하게 표현했듯이, 마침내 1830년 7월 파리에서 봉기를 일으켜 샤를 10세를 몰아내고 개혁적 성향의 루이 필립을 새로운 지도자로 추대했다. 1830년 7월혁명의 성공으로 일명 '7월 왕정'이라는 입헌군주정이 수립된 것이었다. 혁명의 성공 소식은 유럽 각지로 전파되어 폴란드의 독립운동을 촉발하고 벨기에의 독립을 가져다주었다.

그렇다면 프랑스에서는 7월혁명으로 자유가 달성됐는가? 빅토르 위고가 자신의 소설 『레미제라블』에서 유장悠長하게 서술하고 있듯이 답은 '아니오' 이다. 자유의 성취는 더 많은 희생을 요구했다. 7월혁명을 통해 등장한 '7월 왕정'은 시간이 지나면서

프랑스 7월혁명

초심初心을 잃고 보수화되어 상층 유산계급 위주의 정치를 폈다. 참정권을 요구하는 시위대에 "먼저 부자가 되어라"라고 응수한 기조 수상의 태도야말로 7월 왕정의 보수적 성향을 잘 드러내주고 있다. 마침내 프랑스 국민들의 불만이 재차 분출됐다.

1848년 2월, 수도 파리에서 자유주의 세력과 사회주의 세력이 연합한 2월혁명이 일어났다. 이번에도 정부가 무력을 동원해 강경 진압을 시도했으나 그럴수록 혁명의 열기는 고조되어 드디어 루이 필립이 권좌에서 물러나고 제2공화정이 수립됐다. 하지만 예나 지금이나 혁명은 혼란과 함께 오는 법, 자유 추구의 대가로 장기간 불안정에 시달린 프랑스 국민들은 재차 안정과 질서를 바라게 됐다. 이러한 국민적 정서는 나폴레옹의 조카라는 후광을 등에 업은 루이 나폴레옹이 새로운 공화국의 지도자로 선출되는 이변을 일으키고 말았다. 이 불길한 징조는 곧 현실로 나타났다. 1851년 12월, 루이 나폴레옹은 자신의 삼촌처럼 쿠데타를 일으켜서 정권을 장악하고 제2제정 시대를 열었기 때문이다.

이러한 와중에도 혁명의 이념은 유럽 각지에서 움트고 있었다. 2월혁명을 이어서 독일과 오스트리아에서는 각각 3월혁명이 일어나 입헌군주정을 요구했고, 이탈리아에서는 마치니의 청년 이탈리아당을 중심으로 공화제 운동이 전개됐다. 무엇보다도 프랑스의 2월혁명은 빈 체제에 일대 타격을 가해서 이를 최종적으로 붕괴시키는데 기여했다. 이처럼 19세기 전반기 유럽의 역사는 자유의 대가성을 보여줌과 동시에 일단 한번 뿌려진 '자유'의 씨앗은 언젠가는 대지를 뚫고 움터서 종국에는 열매를 맺는 속성을 갖고 있음을 입증하고 있다.

5. 산업혁명과 그 영향: 물질적 풍요와 그 그림자

오늘날 우리는 인터넷과 스마트폰을 활용해 일상사를 처리하고 세계의 동향을 실시간으로 파악할 수 있는 정보혁명의 시대에 살고 있다. 이러한 변화를 가능케 한 과학기술상의 비약적 발전은 18세기 중엽 영국에서 시작되어 이후 유럽과 세계로 확산된 산업혁명the Industrial Revolution을 통해서였다. 프랑스혁명이 절대왕정을 타파함으로써 자유와 평등에 기초한 근대 시민사회 성립의 길을 열었다면, 산업혁명은 농업적이던 유럽사회를 공업화함으로써 산업사회가 터 잡을 수 있는 사회경제적 토대를 마련했다. 하지만 산업혁명은 물질적 풍요라는 '밝음明'과 함께 쉼 없는 노동과 구조적 빈곤이라는 '어두움暗'을 가져다줬다.

산업혁명이란 무엇인가? 기계발명과 기술혁신을 통한 생산력의 비약적 발전, 그리고 그 영향으로 각 분야에서 일어난 거대한 변화를 총칭해서 일컫는다. 이러한 움직임은 1760년경 영국에서 촉발되어 이후 유럽과 다른 대륙들로 전파됐다. 영국에서 산업혁명은 면공업 분야의 기술혁신을 통한 기계화로 시작됐다. 18세기를 통해 유럽의 인구가 급증하면서 면제품 대량생산 위한 새로운 기계들이 발명됐다. 신형 기계제작은 제철 공업을 자극했고, 철 수요의 증가는 철광석 제련에 필요한 석탄 생산의 요구로 이

증기기관차

어졌다. 무엇보다도 1776년 와트가 증기기관을 발명함으로써 증기력을 산업생산의 동력원으로 활용할 수 있었다. 이제 기업가는 생산 활동의 효율성을 높이기 위해 대형 공장을 짓고 그 안에 기계를 설비했다. 근대 산업사회의 전형적 특징인 '공장제 기계공업'이 그 모습을 드러낸 것이었다. 공장을 통해 대량생산된 물품은 스티븐슨이 발명한 증기기관차에 실려서 빠르게 전국 각지로 배달됐다.

섬나라 영국에서 산업혁명이 맨 먼저 일어난 이유는 무엇일까? 영국의 경우, 제반 분야에서 유럽의 다른 국가들에 비해 산업혁명이 선행될 수 있는 유리한 조건을 갖고 있었다. 우선, 세계의 식민지를 놓고서 프랑스와 벌인 7년 전쟁에서 최종 승자가 되면서 광대한 해외시장을 개척할 수 있었다. 더구나 영국은 1688년 명예혁명에 성공한 이래로 의회가 왕권을 견제하는 대의민주주의를 확립, 정치 및 사회적 안정을 이룩했다. 사회적으로도 부의 축적을 통한 신분 상승이 가능해 지면서 모험심에 불타는 기업가, 기술혁신에 매진하는 발명가 등 다양한 인적 자원을 확보할 수 있었다. 여기에 이른 봉건적 생산양식의 소멸과 금융업의 발달, 면공업에 유리한 습윤한 기후, 그리고 산업화에 불가결한 지하자원(철광석, 석탄)의 풍부한 매장이라는 외적 조건이 시너지 효과를 발휘했다.

면공업에서 시작된 발전은 제철, 석탄, 운송 등 다른 산업 분야로 확산되면서 유럽인들에게 물질적 풍요를 안겨줬다. 기계화와 공장제 덕분에 소비물자의 양과 질이 크게 향상되어 전반적으로 생활수준이 높아졌다. 예컨대, 19세기 동안에 영국은 GNP가 4배로 증가할 정도로 높은 경제성장을 향유했다. 산업화는 곧 공장제를 의미할 정도로 생산수단과 생산조직상 큰 변화가 초래되어 국가경제에서 공업 부문이 차지하는 비중이 빠르게 늘어났다. 1851년 런던의 수정궁에서 열린 최초의 세계산업박람회를 기점으로 영국은 공업국가로 변모했다.

다른 한편으로 급격한 사회경제적 변화는 오늘날 세계에도 친숙한 문제들을 초래했다. 우선, 공장제의 확산 및 산업 구조의 변화와 함께 급속한 사회계층 분화가 이뤄져서 소수의 자본가와 다수의 노동자 계급이 대두했다. 점차 양 계급간의 사회경제적 간격은 더욱 벌어져서 급기야는 심각한 대립 양상으로 나타났다. 무엇보다도 장시간 노동과 저임금으로 인한 극심한 빈곤이 노동계급을 괴롭혔다. 인구의 유동성 증대로 인한 다수 인구의 도시 집중은 주택난, 환경오염, 열악한 위생 조건 등을 초래, 대다수 도시민들의 삶을 더욱 피폐화시켰다. 이처럼 빈부격차가 심화되는 상황 속에서 노동자들의 누적된 불만은 파업과 같은 단체행동으로 표출되기 시작했다.

19세기 초반부터 영국을 필두로 진행된 산업화와 그로 인한 결과는 당대 지식인들의 주목을 받았다. 자유주의자들은 산업화를 긍정적으로 바라보면서 자유경쟁, 자유무역 등에 기초한 경제적 자유주의를 주창했다. 아담 스미스는 『국부론』(1776)을 저술, '보이지 않는 손invisible hand'의 역할을 강조하며 개인 경제활동의 자유 보장과 국가 개입의 최소화를 역설했다. 맬서스는 산술급수적인 식량 증산에 비해 기하급수적인 인구 증가를 경고하면서 '빈곤' 문제의 불가피성을 설파했다. 노동계급의 입장에서는 음울한 목소리들임에 분명했다.

다른 한편으로 산업화가 초래한 폐단들을 비판적으로 바라보면서 그 대안을 모색한 지식인들이 등장했다. 일명 사회주의자들로 알려진 이들은 빈곤의 원인을 자본의 사유私有로 지목하고 생산수단의 공유화公有化를 주장했다. 하지만 문제는 어떻게 이를 달성할 것인가 였다. 19세기 초반에 활동한 생시몽, 푸리에, 로버트 오웬 등과 같은 이른바 '공상적 사회주의자들'은 계몽과 설득을 통해 평등한 이상사회를 건설할 수 있다고 믿었다. 이들의 실험이 실패로 끝나면서 '과학적 사회주의자'로 자칭한 마르크스와 엥겔스 같은 공산주의자들이 등장했다. 1848년 2월, 자본주의 세계를 향해 「공산당 선언」을 외친 이들은 생산수단의 공유화를 위해서는 혁명적이고 폭력적인 방법도 불사해야 한다고 역설했다. 특히 마르크스는 『자본론』을 저술, 인류의 역사를 대립적인 두 계급 간의 투쟁의 역사로 해석하면서 공산사회의 도래를 예언했다. 물론 1990년대 초반 소련의 해체와 더불어 그의 예언은 오류로 판명됐고, 오늘날에는 토마 피케티가 제기한 『21세기 자본』이 주목받고 있다.

18세기 중엽 영국에서 시작된 산업혁명은 19세기를 통해 세계 각지로 확산됐다. 선도적 산업화를 이룬 서유럽 세계는 19세기 말에 이르러 제국주의라는 탈을 쓰고 다른 세계를 침탈했다. 하지만 물질적 풍요의 이면에서 거대 전쟁의 그림자가 어른거리고 있었음을 당대에는 알아차리지 못했다. 산업혁명으로 인한 대량생산, 기술혁신, 철도의 발달 등이 군대와 연결될 경우, 유럽 전체를 초토화시킬 수 있는 '총력전'이라는 괴물을 깨우는 것은 시간문제였다. 산업혁명은 당대의 개인은 물론이고 유럽과 세계에도 명과 암을 갖다 줬다. 그런데 문제는 이러한 경향이 19세기와 20세기 초반에 종결된 것이 아니라 현재 진행형이라는 점에 우리 모두 유념할 필요가 있다.

6. 민족주의의 시대: 통일 독일제국의 탄생

오늘날 우리 한민족에게 가장 중요한 과업이 있다면 이는 남북통일임에 분명하다. 제2차 대전 직후 열강들에 의해 양분되고 이후 전쟁으로 더욱 높아진 분단의 장벽을 거둬내고 세계를 향해 새롭게 '용트림'하는 것이리라. 왜 하나가 되고자 하는가? 두말할 필요도 없이 남북한은 같은 민족이기 때문이다. 흔히 민족주의Nationalism로 알려진 혈통, 언어 등을 공유하는 '동질적 문화집단 의식'은 19세기 후반기에 유럽에서 봇물처럼 쏟아지기 시작했다. 외세의 지배나 간섭으로 분열되어 있던 국가들의 민족의식이 형성 및 고양되면서 통일 국가를 수립하려는 열망이 거세게 일어났던 것이다. 이들 중 1860년대에 달성된 독일의 국가 통일을 가장 대표적인 사례로 꼽을 수 있다.

영국이나 프랑스 등에 비해 독일의 통일국가 수립이 이토록 지연된 이유는 무엇일까? 우선 프랑스, 오스트리아와 같은 주변 강국들의 지속적인 방해 공작을 꼽을 수 있다. 이들은 유럽의 중앙부에 통일된 국가가 등장, 기존 세력균형에 변화가 초래되는 것을 우려했다. 그래서 30년 전쟁을 종결짓는 베스트팔렌 조약(1648) 이후 독일 지역은 융커라 불린 토지귀족들이 지배하는 300여개의 군소 영방국가領邦國家로 분열된 채 상호 반목과 대립을 이어오고 있었다. 또 다른 저해 요인은 종교 문제였다. 1517년 루터의 종교개혁이래로 특히 독일 지역에서는 신교와 구교 간에 대립이 격화되어 30년 전쟁까지 벌일 정도였다. 이후에도 로마 교황청은 정치적으로 독일지역을 통치하고 있던 신성로마제국과 손잡고 영향력을 행사하면서 통일을 방해해 왔다.

그러나 이러한 역경 속에서도 19세기에 접어들면서 통일을 향한 움직임이 일어났다. 통일의 단초를 제공한 것은 아이러니하게도 나폴레옹의 독일 침공이었다. 독일 지역을 점령한 나폴레옹은 기존의 수많은 영방국가들을 쓸어버린 후 크게 4개의 지역(라인연방, 프로이센, 오스트리아, 작센)으로 통합했다. 물론 나폴레옹 몰락 후 독일은 다시 39개의 대소 국가로 분열됐으나, 300여개로 갈라져 있던 이전 시대보다는 통일에 유리한 조건이었다. 다행스럽게도 정치적 통일에 앞서서 경제적 통일을 이루려는 시도가 있었다. 리스트와 같은 민족주의 경제학자가 주창한 이론을 토대로 프로이센이 주도한 '관세동맹'이 결성(1834)되어 1841년에 이르면 오스트리아를 제외한 독일 지역의 대부분 국가들이 참여했다. 회원국들 간에 국내관세가 철폐되어 일종의 경제적 통일이 달성된 셈이었다.

정치적으로 독일의 통일 과업에 기폭제를 제공한 것은 1848년 프랑스의 2월 혁명이었다. 이 혁명의 여파로 프로이센의 수도 베클린을 비롯한 독일 각지에서 통일운동에 불이 붙었다. 무엇보다도 1848년 5월 독일 중앙부에 있는 프랑크푸르트에서 범국민적 회의가 열렸다. 헌법 제정과 통일 문제 논의를 위해 독일 각지에서 선출된 대표들이 프랑크푸르트로 모여들었다. 이때 국민의회에서 제기된 가장 중요한 의제는 통일 노선에 대한 것이었다. 다민족국가인 오스트리아를 포함한 통일국가의 건설을 내세운 오스트리아의 '대독일주의'와 오스트리아를 제외하고 순수하게 게르만족만의 통일국가를 수립하자는 프로이센의 '소독일주의'가 팽팽하게 맞섰다. 예상을 뒤엎고 프로이센의 소독일주의가 최종 채택됐으나, 당사국인 프로이센의 국왕이 이 제안을 거부함으로써 국민의회를 통한 아래로부터의 통일 노력은 실패하고 말았다.

토론과 표결에 기초한 자유주의적 방식의 통일 시도에서 참담한 실패를 경험한 독일인들은 이후 권위적 보수주의자들이 주도하는 힘에 기초한 통일 노선을 지지했다. 이때 통일 과업을 이끌 주역으로 등장한 인물이 바로 철혈재상으로 불린 비스마르크Otto von Bismarck(재임 1862~1890)였다. 동프로이센의 융커가문 출신으로 외교가에서 공직생활의 잔뼈가 굵은 그는 1862년 빌헬름 1세에 의해 프로이센의 수상으로 발탁된 후 강력한 부국강병책을 추진했다. 특히 군사력 증강에 필요한 군 예산의 대폭 증액을 의회에

요청했고, 의회가 이를 반대하자 향후 독일 통일은 낭만적 이상理想이 아니라 현실에 기초한 군사력 증강과 전쟁, 즉 '철鐵, Iron과 혈血, Blood'에 의해서만 가능하다고 역설했다.

이후 군비증강에 진력한 비스마르크는 1860년대 중반 이후 본격적으로 통일을 위한 행보를 내디뎠다. 우선, 1864년 오스트리아와 연합으로 덴마크와 전쟁을 벌여서 슐레스비히와 홀스타인 지방을 차지했다. 곧 오스트리아를 자극해 1866년 전쟁을 도발하도록 유도한 후 사전 준비된 군사력을 동원 단기간 내에 승리를 거뒀다. 여세를 몰아서 최후의 통일 저해 세력인 프랑스를 제거하는 작업에 착수했다. 때마침 터진 스페인 왕위 계승문제를 빌미로 프랑스인들의 자존심을 자극, 프랑스로 하여금 먼저 선전포고하도록 유도했다. 1870년 7월 중순 양국 간에 전쟁이 발발했으나 프랑스는 채 두 달도 버티지 못하고 프로이센군의 공격에 여지없이 무너지고 말았다. 1870년 9월 세당전투에서 프랑스 황제 나폴레옹 3세를 생포할 정도로 프로이센군은 대승을 거뒀다. 마침내 1871년 1월 초 비스마르크는 프랑스의 심장 베르사유 궁전에서 통일 독일제국의 선포식을 거행할 수 있었다.

독일 통일은 예상치 못한 국가와 인물에 의해 달성됐다. 우선, 중앙 유럽의 전통적 강국이던 오스트리아가 아니라 북쪽 끝 척박한 땅에서 대두한 프로이센이 통일의 중심국가가 됐다. 또한 젊은 시절부터 국가통일의 열망을 품고서 이를 차근차근 추진해온 비스마르크라는 비전을 지닌 정치가가 있었다. 그는 주변 열강들을 필요시 자국의 지지 세력으로 만드는 교묘한 현실외교와 전쟁이라는 무력적 수단을 통해서 그토록 지난至難했던 국가통일의 위업을 달성했다. 하지만 독일의 통일은 아래로부터 분출된 국민적 열망이 아니라 국가의 힘에 의한 위로부터의 통일이라는 문제를 안고 있었다. 이처럼 거침없이 발휘된 '국가 우위'의 전통은 이로부터 40여년이 지난 후에 제1차 세계대전이라는 대재앙의 전조前兆가 됐다는 점을 당대인들은 미처 깨닫지 못했다.

비스마르크

7. 제국주의의 시대: 서구세력의 침탈

1870년대부터 유럽의 선진자본주의국가들은 새로운 양상과 열기를 갖고서 식민지 확보를 위해 경쟁적으로 세계의 다른 대륙으로 나아갔다. 짧게 보아 1914년 대전 이전까지 전개된 이러한 역사적 현상을 제국주의Imperialism라고 부른다. 유럽인들에 의한 타 대륙으로의 진출은 이미 15세기 말부터 이어져 왔으나 19세기 말에 본격화된 팽창 열기는 그 이전 시기와는 본질적으로 달랐다. 이들은 유럽 내에서 격화된 정치군사 및 산업 경쟁을 해소할 돌파구로 적극적으로 식민지 획득을 추구했던 것이다. 그 결과 20세기 초에 이르면 아프리카와 동남아시아의 대부분 지역이 서양 열강들의 식민지나 반半식민지 상태로 떨어졌다. 이러한 제국주의는 곧 열강들 간에 반목과 대립을 가져왔고 급기야는 제1차 세계대전이라는 파국으로 이어졌다.

왜 이 시기에 서양 열강들은 앞 다투어 제국주의 침탈로 나갔을까? 여러 요인들 중 일찍이 홉슨J. A. Hobson이 『제국주의 연구』(1902)에서 학문적으로 정리한 바 있는 경제적 요인을 우선적으로 꼽을 수 있다. 1860년대에 이르면 유럽에서 제2차 산업혁명이 시작되어 영국과 프랑스라는 기존 산업국가 이외에 독일과 이탈리아 등 후발 산업국가들이 가세하게 됐다. 이로써 유럽 내에서 경쟁이 치열해지면서 원료공급지와 상품판매시장, 그리고 자본투자처라는 '보호된 시장'이 절실하게 됐다. 이러한 문제를 일거에 해결할 수 있는 방안은 바로 식민지 획득이었다.

경제적 요인에 대비되는 설명으로 제기된 것은 국제정치적 요인이었다. 1870년 독일이 통일되면서 유럽 내 열강들 간의 세력균형에 변화가 왔다. 각국 간에 대립과 경쟁이 치열해지면서 세계전략 차원에서 경쟁국가의 팽창을 방지하고 자국의 전략거점을 확보할 목적으로 경제적인 고려 없이도 식민지를 차지코자 했다. 예컨대, 19세기에 영국은 러시아의 남하를 막기 위해 계속해서 아프가니스탄을 점령코자 했고, 1880년대 중반에는 우리나라 남해의 거문도를 일시적이나마 점령한 바 있었다. 또한 식민지 보유 여부가 강대국의 조건으로 인식되고 있던 당시 상황에서 국가 위신을 제고하고 민족의 영광을 드러내는 징표로 식민지를 차지한 경우도 있었다. 독일의 동남부 아프리카 식민지 점령이나 이탈리아의 에티오피아 점령 시도(1896)는 바로 국가의 영광 제고라는 목적이 작동한 결과라고 볼 수 있다.

끝으로 사상 및 문화적 요인을 지적할 수 있다. 당시 유럽의 일부 학자들은 다윈이 『종의 기원』(1859)에서 제기한 적자생존의 원리를 인간세계에 적용한 사회다윈주의Social Darwinism를 원용하여 식민지 정복을 합리화했다. 즉, 인간 진화에서 적자인 백인

종은 열등한 다른 인종들에게 우월한 서구문명을 전파하여 이들을 문명개화로 이끌 책무를 갖고 있음을 강조하는 것이었다. 인도에서 활동한 키플링은 이를 신이 백인에게 맡겨준 숭고한 임무로 간주해 '백인의 책무'라는 시를 읊조렸고, 이후 사이드E. Said는 『문화적 제국주의』(1993)라는 책을 통해 이러한 경향을 정리했다.

그러면 각국은 어떻게 식민지 팽창을 전개했을까? 먼저, 최대의 식민제국을 건설했던 영국의 경우를 살펴보자. 영국은 인도와 이집트를 비롯해 전 세계에 수많은 식민지를 보유하고 이를 '간접지배' 방식으로 통치했다. 다시 말해, 가능하면 식민지인들에게 자치권을 주고 자신들은 고문관으로 한 발 뒤로 물러나 교묘하게 분할통치하는 형태로 지배했다. 특히 식민지 사회의 관습과 전통, 그리고 문화를 허용함으로써 식민지인들과 공존을 모색했다. 물론 영국의 식민지배가 전혀 폭력적이지 않았다는 것은 아니다. 이른바 3C정책(카이로-케이프타운-캘커타)과 아프리카 종단정책을 근간으로 무력과 강제를 통해 식민지를 확장해간 결과, 영 제국은 제1차 대전 직전에 전 세계 지표면적의 1/5을 잠식해 '해가지지 않는 나라'라는 별칭까지 얻게 됐다.

다음으로 영국에 이어서 두 번째로 넓은 식민지를 차지했던 프랑스에 대해 알아보자. 영국과는 대조적으로 프랑스는 '직접지배'의 통치방식을 채택했다. 정치적으로 특히 문화적으로 해당 식민지를 프랑스화하려는 일종의 '동화정책'을 강력하게 추구했다. 프랑스 제국은 주로 지중해를 사이에 두고 본국과 면해 있던 아프리카 북부에 분포되어 있었다. 모로코, 알제리, 사하라 사막을 거쳐서 마다가스카르 섬에 이르는 프랑스의 식민지 팽창은 '아프리카 횡단정책'을 그 기본 노선으로 했다. 물론 1880년대에는 인도차이나 반도로 진출해 전통적으로 중국의 영향권 하에 있던 베트남, 캄보디아를 수중에 넣기도 했다. 강압적으로 동화정책을 추진한 탓에 프랑스는 영국보다도 더 심하게 식민지인들의 격렬한 저항에 시달려야만 했다. 이외에 늦게 국가통일을 달성한 독일도 1880년대 중반 이래 식민지 쟁탈전에 뛰어 들었고, 아시아 지역에서는 미국과 일본도 그 대열에 동참했다.

서양 열강의 식민지배는 제2차 세계대전을 계기로 빠르게 종식됐다. 장기간 식민 상태에 놓여있던 대부분의 국가들이 독립했다. 대전 후 세계 최강대국으로 부상한 미국과 소련의 제국 해체 압력도 무시할 수 없지만, 무엇보다도 민족주의의 세례를 받은 식민지 주민들의 줄기찬 저항과 독립 추구가 중요한 모멘텀이 됐다. 서양 열강의 제국주의 침탈은 이후 세계사 전개에 다양한 유산을 남겼다. 물론 유럽 열강들에게는 경제적 번영을 가져다줬으나 식민지인들은 수탈이라는 희생을 감수해야만 했다. 식민지 근대화론과 식민지 수탈론을 둘러싸고 논쟁이 있기는 하지만 무게추를 당연히 후자에 놓아야만 하는 이유이다. 사회문화적으로 서구 열강의 식민지배는 식민지의 전통문화를 파괴함으로써 식민지인들에게 가치관 혼란, 심리적 굴욕감, 그리고 서구문화에 대한 반발심을 초래했다. 하지만 무엇보다도 중요한 것은 서양 열강이 식민지에서 행한 폭력은 결국에는 부메랑이 되어 제1차 세계대전이라는 살육전의 형태로 서구인들 자신에게로 되돌아왔다는 점이다. 이는 타 민족에 대한 폭력과 강제의 자행은 언젠가는 자신도 그 대가를 지불해야만 한다는 역사의 교훈을 되새기게 해 준다.

AMERICA
AMERICA SEPTENTRIONALIS
MAR DEL ZUR
MARE PACIFICUM
MAR DEL NORT
Circulus Arcticus
Tropicus Cancri
Circulus Æquinoctialis
Tropicus Capricorni
Insulæ Salomonis
NOVA FRANCIA
Fretum Magellanicum
Excudebat Gulielmus Blaeuw Amsterdami sub signo Solaris deaurati

제4장

20세기 총력전의 시대와 새로운 강국의 대두

1. 제1차 세계대전(상): 전쟁 발발의 원인

지금부터 거의 1세기 전인 1914년 8월 초에 유럽 열강들은 삼국동맹Triple Alliance과 삼국협상Triple Entente이라는 두 블록으로 나뉘어 인류 역사상 가장 처절한 대결이랄 수 있는 제1차 세계대전the First World War에 돌입했다. 세계대전이라는 말에 걸맞게 일본, 인도, 미국 등 다른 대륙 국가들까지 가세하면서 약 4년 4개월 동안 지속된 전쟁은 당사국들에게 전사자 1천만 명, 부상자 2천만 명이라는 인적 손실 및 2천억 달러라는 천문학적 액수의 물적 손실을 입혔다. 이처럼 당한 피해가 크다보니 전후 패전국 독일에 대한 처리도 과도한 응징과 보복으로 귀결됐다. 제1차 대전의 영향으로 이후 세계는 대공황, 파시즘 및 볼셰비즘과 같은 전체주의의 출현, 그리고 또 다른 살육전인 제2차 세계대전을 겪게 됐다.

이처럼 20세기 초반을 피로 물들인 일명 '모든 전쟁을 끝내기 위한 전쟁'은 왜 일어났을까? 1918년 11월 전쟁이 끝나고 프랑스 파리에서 전후처리 회담이 개최되면서부터 전쟁의 원인에 대한 논의가 활발하게 전개됐다. 전쟁 발발의 원인이 무엇인가라는 질문은 전쟁의 책임이 누구에게 있는가라는 보다 심각한 문제와 얽혀 있었기에 논쟁은 치열해졌다. 그런데 문제는 대전의 원인에 대한 논의가 베르사유 회담이 열린 1920년대에 더 나아가서는 1960년대 초반 점화된 이른바 '피셔 논쟁' 시에 일단락되지 못한 채, 대전 발발 1백년인 지난 오늘날까지 이어지고 있다는 점이다.

제1차 대전에 불을 붙인 것은 1914년 6월 28일 오스트리아의 지배하에 있던 남유럽 보스니아—헤르체고비나의 수도 사라예보Sarajevo에서 발생한 오스트리아 황태자 암살사건이었다. 현장에서 체포된 암살범의 배후에 세르비아 정부가 있다고 확신한 오스트리아는 철저한 진상 규명을 요구했다. 이후 세르비아 정부의 미온적 태도에 발끈한 오스트리아군은 사건 발생 한 달 후인 7월 28일 세르비아를 침공했다. 복잡한 민족 구성을 갖고 있던 '만성적 화약고' 발칸반도에서 양국 간에 전쟁이 터진 것이었다. 그런데 두 나라 간에 충돌이 일어난 지 불과 1주일 안에 국지전은 러시아, 독일, 프랑스, 영국 등 유럽 열강들 대부분을 포함한 세계대전으로 확대됐다.

사라예보 황태자 암살사건

대전의 발발과 관련해 크게 다음 두 가지 근원적 의문을 던질 수 있다: 암살사건이 왜 하필이면 유럽의 변두리에 있는 사라예보에서 일어났을까?; 오스트리아와 세르비아 간의 전쟁에 왜 유럽의 열강들이 가세하게 됐을까? 우선, 첫 번째 의문과 관련해서는 전통적으로 발칸지역에서 상존常存해온 게르만족과 슬라브족 간에 대립과 갈등을 꼽을 수 있다. 당시 유럽의 다른 어느 지역보다도 남유럽에서는 범게르만주의와 범슬라브주의로 대변되는 '국수적 민족주의'가 극성을 부렸다.

원래 16세기 이래 오토만 제국Ottoman Empire의 점령 하에 있던 이 지역에 역사적으로 이해관계가 깊은 게르만족의 오스트리아와 슬라브족의 러시아가 19세기 중엽 이래 적극적으로 진출을 시도했다. 더구나 러터전쟁(1877)의 결과, 무주공산無主空山이 된 보스니아 지역을 독일의 지원을 등에 업은 오스트리아가 차지하면서 발칸지역의 슬라브족 맹주로 자처하고 있던 세르비아의 불만이 고조됐다. 마침내 세르비아 민족주의자들의 울분은 1914년 6월 28일 황태자 암살로 표출됐고, 그동안 쌓여온 원한의 골이 너무 깊은 탓에 이 사건은 이전에 유럽에서 벌어졌던 다른 갈등들과는 달리 대화로 수습되기가 어려웠다.

그런데 양국의 분쟁에 왜 유럽 열강들이 앞 다투어 가담하는 사태가 벌어졌을까? 단적으로 말해 대전 발발 직전 유럽 열강들은 삼국동맹(독일-오스트리아-이탈리아)과 삼국협상(영국-프랑스-러시아)이라는 두 개의 적대진영으로 분열되어 있었기 때문이다. 삼국동맹에 속한 오스트리아와 삼국협상국인 러시아의 전폭적 지원을 받은 세르비아 간에 충돌이 벌어지자 다른 국가들도 줄줄이 전쟁으로 휘말려들었던 것이다. 이러한 적대적 외교관계는 어느 날 갑자기 출현한 것이 아니라 40년이라는 긴 세월을 두고 형성되어 왔다. 즉 1871년 초 유럽 중앙부에 통일된 독일제국이 등장하면서 이후 독일의 외교정책 변화에 따라 유럽의 세력균형에 지각변동이 일어났던 것이다.

통일 후 국내 통합을 위해 유럽의 평화가 절실했던 신흥 독일 제국의 수상 비스마르크Otto von Bismarck(재임 1871~1890)는 '프랑스의 국제적 고립화'를 외교정책의 근간으로 정하고 이를 적극 추진했다. 1882년 오스트리아, 이탈리아와 함께 삼국동맹을 결성하고, 1887년에는 러시아와 재보장조약을 체결했다. 하지만 '세계정책'을 주창한 신임 황제 빌헬름 2세와 외교노선을 놓고 갈등을 빚은 비스마르크가 1890년 정치와 외교 일선에서 물러나면서 유럽의 기존 국제질서에 구조적 변화가 일어났다. 그동안 외교적으로 고립되어 있던 프랑스가 1894년 러시아와 손을 잡게 됐고, 여기에 영국까지 가세하면서 1907년에 삼국협상이 결성됐다. 이제 유럽 내에 삼국동맹과 삼국협상이라는 두 개의 외교블록이 등장한 것이다. 이후 제2차 모로코 사건(1911) 및 발칸전쟁(1912. 10~1913. 8) 등을 거치면서 양 진영 간의 갈등과 대립은 더욱 고조됐고, 급기야는 발칸반도의 사라예보에서 운명의 방아쇠가 당겨지고 말았던 것이다.

오늘날 많은 연구자들은 1914년 전쟁 발발과 관련해 독일이 주主책임을 져야한다는 독일 역사가 피셔Fritz Fischer의 주장에 동의하고 있다. 그와 동시에 당시 참전국들 각자의 책임 정도를 둘러싸고 여전히 이견異見이 존재한다. 역사학의 속성상 한 사건에 대한 역사가의 해석은 불가피하게 주관성을 갖게 되며, 이에 더해 역사가가 발을 딛고 있는 '현재'의 시대적 상황이 계속해 변화하기에 이의 영향으로부터 자유롭기가 거의 불가능하기 때문이다. 무엇보다도 대전 원인에 대해 오늘 합의에 도달했다고 하더라도 이는 곧 다음 날 벌어질 논쟁의 출발점이 될 것임에 분명하다. 제1차 세계대전은 세계사에서 무엇보다도 유럽인들의 역사에서 결코 망각될 수 없는 너무나 크고 엄청난 사건이었기 때문이다.

전선으로 떠나는 독일군 병사들

2. 제1차 세계대전(중): 전쟁의 과정

1914년 8월 4일 영국이 독일에 선전포고하고 유럽 열강들 중 마지막으로 참전하면서 대전의 불꽃은 본격적으로 타올랐다. 전쟁이 총력전으로 전개되다보니 각국이 가진 대부분의 인적 및 물적 자원이 전쟁 수행에 동원됐다. 그런데 문제는 서부전선에서 벌어진 전쟁의 형태가 참호전이었다는 점이다. 넓게 펼쳐진 평원에서 양측 군대가 길고 복잡한 참호 망을 구축한 채 상대방 참호 지대의 돌파를 목표로 일진일퇴의 공방전을 펼쳤다. 그러다보니 전투는 불가피하게 살육전의 양상으로 전개됐다. 1천만 명이라는 엄청난 전사자 수가 아무런 이유 없이 나온 것은 아니었다.

전쟁 이전부터 각국은 나름대로 전쟁계획을 다듬어 오고 있었다. 이들 중 독일의 작전계획인 '슐리펜 계획Schlieffen Plan'이 가장 잘 알려져 있다. '속전속결의 선제공격'이야 말로 이 계획의 골자였다. 명칭에서 짐작할 수 있듯이, 계획 입안을 주도한 인물은 장기간 독일군 참모총장을 지낸 슐리펜Alfred von Schlieffen 장군이었다. 1871년 통일 독일제국이 탄생한 이래 독일군을 괴롭힌 문제는 동서 양 전선에서 대군大軍에 동시에 맞서는 상황이 벌어지는 일이었다. 그런데 1894년 그동안 외교적으로 고립되어 있던 프랑스가 러시아와 동맹관계를 맺음으로써 우려가 현실로 나타났다.

바로 이러한 상황에서 향후 전쟁이 벌어질 시 독일군의 승전 묘책으로 고안된 것이 바로 슐리펜 플랜이었다.

이 계획의 핵심적 실행 방법은 '선先프랑스 후後러시아'였다. 프랑스와 러시아 양국을 동시에 상대해야만 할 경우 이는 거의 승산이 없다는 전제 하에 병력동원 속도가 상대적으로 빠른 프랑스를 약 한달 이내에 먼저 격파하고, 발달된 철도망을 통해 병력을 동부전선으로 이동시켜서 공격 준비 중인 러시아군의 주력에 대응한다는 내용이었다. 이를 위해 동부전선에는 현상 유지에 필요한 병력만을 남겨둔 채 대부분의 병력을 프랑스와 대치하고 있는 서부전선에 투입해야만 했다. 이어서 서부전선에 배치된 병력의 대부분을 지형 상 평지인 우익右翼에 집중 배치한 후 밀물처럼 쇄도해 들어가서 단시일 내에 프랑스군을 제압한다는 복안이었다.

이러한 사전 계획에 따라 독일군은 1914년 8월 4일 중립국 벨기에를 침공했다. 속전속결을 노린 독일군의 침략 행위는 1839년 국제조약으로 벨기에의 독립 보장을 약속한 바 있던 영국에게 참전의 빌미를 주고 말았다. 더구나 전투 초반 승승장구하던 독일군의 진격은 1914년 9월 초에 벌어진 마른 전투에서 프랑스군의 완강한 저항에 부딪혀 좌초되고 말았다. 이로써 기동전을 추구한 슐리펜 계획은 무산되고 알프스에서 북해까지 긴 전선을 따라 참호가 구축되면서 전쟁 양상은 진지전으로 변했다. 이후 적

진지를 돌파하려는 정면 공격이 계속해 시도된 탓에 서부전선은 포연과 피비린내가 진동하는 살육의 장으로 화하고 말았다.

무기체계상으로 제1차 대전은 방어 측에 유리한 전쟁이었다. 무엇보다도 대전 중 가장 돋보인 무기는 맥심기관총Maxim machine gun이었다. 대전 발발 이전에는 이 무기의 진정한 위력을 제대로 인식한 사람은 드물었다. 그래서 현대전에 대한 이해가 부족했던 양측 장군들은 분당 무려 600발의 사격속도를 자랑하는 기관총이 불을 뿜어대고 있는 중간지대로 쉴 사이 없이 병사들을 밀어 넣었던 것이다. 그러다보니 베르됭 전투(1916년 봄)나 솜 전투(1916년 여름)에서처럼 불과 몇 개월 사이에 백만 명 이상의 사상자가 발생하는 참혹한 상황이 벌어졌다. 이외에 참호지대를 돌파하려는 목적 하에 독가스나 탱크와 같은 신무기가 동원되기도 했다.

독가스의 참상

유럽의 서부전선에서 전황의 진척도 없이 치열한 공방전으로 인명 손실만 늘어나자 주공격 방향의 변화를 요구하는 목소리가 들리기 시작했다. 이는 곧 지중해 동부 갈리폴리 반도와 다르다넬스 해협에서 영국군과 오스만 터키 군이 충돌한 갈리폴리 전투(1915)로 표출됐다. 서부전선에 대한 동맹 진영의 압력을 분산시키고, 우방국 러시아와의 직접적 접근로를 확보하는 것이 이 작전의 궁극적 목적이었다. 하지만 상대를 얕보고 너무 성급하게 추진한 탓에 목적 달성은커녕 20만 명 이상의 많은 사상자만을 남긴 채 실패로 끝나고 말았다.

한편, 전쟁이 장기화되면서 전쟁 국면은 영국과 프랑스 등에 유리하게 전개됐다. 그동안 중립국으로 남아 있던 이탈리아와 특히 미국이 협상진영으로 가담한 것이 큰 힘이 됐다. 원래 삼국동맹의 일원이었던 이탈리아는 전쟁이 발발하자 중립을 선언하고 양진영에서 제시하는 이권을 놓고 저울질하다가 1915년 4월 런던 밀약을 맺고 협상진영으로 참전, 주로 오스트리아와 전투를 벌였다. 전쟁의 흐름을 협상진영에 유리하게 바꾸는데 결정적으로 공헌한 것은 미국의 참전이었다. 전쟁 발발 직후 중립을 선언하고 주로 군수물자 판매로 재미를 보고 있던 미국이 루시타니아호 침몰사건이나 독일의 무제한잠수함 작전 등의 여파로 마침내 1917년 4월 독일을 상대로 유럽 전쟁에 뛰어들었던 것이다.

물론 전쟁 막바지에 독일 측에도 승전의 기회가 없었던 바는 아니다. 1917년 10월 러시아에서 볼셰비키 혁명이 성공하면서 공산지도자 레닌의 지시로 1918년 3월 독일과 러시아 간에 단독 강화조약이 체결됐던 것이다. 덕분에 동부전선을 평정한 독일은 이곳 병력을 대거 서부전선으로 이동시켜서 1918년 여름에 총공세를 감행했다. 하지만 독일의 시도는 실패로 끝났고, 때마침 국내의 반전 분위기가 고조된 와중에 킬 군항에서 수병水兵 반란까지 발생하자 1918년 11월 11일 독일정부는 무조건 항복하고 말았다.

드디어 4년 4개월 동안 이어진 전쟁이 끝났다. 전쟁은 엄청난 인적 및 물적 상흔을 유럽 전체에 남겨 놓았다. 대전은 세계를 호령했던 유럽 문명이 쇠락의 길로 빠져드는 결정적 계기로 작용했다. 이제 대전 기간을 통해 국력을 신장한 미국과 신생 공산국가로 등장한 소련이 서서히 용틀림하기 시작했다. 하지만 무엇보다도 중요하고 시급한 문제는 유럽 대륙을 재차 '정상상태로 되돌려 놓는 일Return to Normalcy', 즉 전후처리 문제였다.

3. 제1차 세계대전(하): 전후처리와 평화재건 노력

1918년 11월 11일, 유럽을 살육의 도가니로 몰아넣었던 제1차 세계대전이 끝났다. 운 좋게 살아남은 사람들에게 남겨진 과제는 전쟁으로 인한 혼란상을 수습하고 유럽에 평화와 질서를 재확립하는 일이었다. 근본적으로 전쟁과 평화는 동전의 양면과 같기에 통상 전후처리는 향후 전쟁 재발의 가능성을 최소화해야만 한다는 당위성을 내포하고 있었다. 하지만 전쟁은 예외 없이 심각한 인적 및 물적 피해를 남기기에 전쟁을 종료하는 모임에는 충돌 당사국들 특히 승전국들의 이해관계가 첨예하게 표출되어 왔다. 제1차 대전의 전후처리를 논의하기 위해 1919년 1월 파리에 모인 전승국들의 대표들도 예외가 아니었다. 미국 대통령 윌슨이 제시한 '14개 조항'에 담긴 이상주의는 회담 과정 중 유럽 승전 각국이 내세운 현실주의라는 벽에 막혀 종국에는 패전국 독일에 응징하는 방향으로 수정되고 말았다.

1919년 1월 중순에 프랑스 파리에서 강화회의가 개최됐다. 동맹진영 국가들을 제외하고 전승국과 중립국을 포함 총 32개국에서 파견된 70여명의 대표들이 참석했다. 하지만 회의가 진행되면서 회담을 주도한 것은 승전에 크게 기여한 강대국의 대표들—미국 대통령 우드로 윌슨, 영국 수상 로이드 조지, 프랑스 수상 조르주 클레망소, 이탈리아 수상 비토리오 오를란도—이었다. 이들은 별도로 소위원회를 구성, 거기에서 대부분의 주요 안건을 논의 및 처리했다. 궁극적으로 파리강화회의는 불만을 품고 중도에 회의석상에서 이탈한 오를란도를 제외한 나머지 세 인물에 의해 주도됐다.

회담의 기본원칙은 1918년 1월 미국 대통령 윌슨이 미국 의회 연두교서에서 천명한 바 있는 '14개 조항Fourteen Points'이었다. 이 중에서 비밀외교의 폐지, 공해상에서의 항해 자유보장, 군비축소, 민족자결주의, 그리고 국제연맹의 창설 등을 핵심 내용으로 꼽을 수 있다. '14개 조항'의 저변에 깔린 기본정신은 국제 도의와 정의에 입각한 전후처리로 세계에 항구적 평화를 정착시키자는 것이었다. 하지만 '승리 없는 평화'를 지향한 윌슨의 이상주의는 실제 회담이 진행되면서 프랑스, 벨기에, 영국 등 유럽 전승국들의 현실적인 이해관계와 부딪히면서 '패전국에 응징'이라는 방향으로 변질되고 말았다.

약 6개월에 걸친 논의 끝에 마침내 1919년 6월 28일 파리 근교의 베르사유 궁전에서 전승국들과 독일 간에 강화조약이 체결됐다. 총 8만여 자에 달할 정도로 엄청난 분량의 조약문 내용 중에는 독일로서 감당하기 어려운 조항들이 많았지만 패전국 처지였던 독일은 한 글자도 수정할 수 없었다. 이 중 몇 가지 중요한 내용을 살펴보면 다음과 같다. 우선, 독일의 국내외 영토에 대한 조정이 이뤄져서 독일의 모든 해외식민지는 위임통치라는 명목으로 전승국인 영국과 프랑스가 차지했다. 독일의 유럽 내 영토도 축소되어 알자스-로렌은 프랑스로, 슐레스비히는 덴마크로, 실레지아 지방은 폴란드로 넘어갔다. 독일의 핵심 공업지역인 라인란트 지방은 비무장지대로 설정됐다. 다음으로 베르사유 조약 제231조에 독일과 그 동맹국을 전쟁책임자로 명시한 일명 '전범자 조항'을 신설했다. 이어서 이를 법적 근거로 독일 측에 1,320억 금金마르크라는 천문학적인 액수의 배상금을 부과했다. 끝으로, 다시는 전쟁을 도발하지 못하게 만들겠다는 의도하에 독일군의 군비를 대폭 축소시켰다. 예컨대, 의무병역제를 폐지하고 육군을 10만 명으로 감축함은 물론 공격용 무기(중포, 전함, 잠수함, 비행기 등)의 보유를 금지했다.

베르사유회담

이러한 독일에 대한 응징과 더불어 서구 열강들은 평화정착을 위한 협조체제를 모색했다. 무엇보다도 제1차 대전이 세력균형이라는 외교 원리를 적용한 탓에 일어났다는 판단 하에 집단안전보장체제를 구축하려는 움직임이 나타났다. 그 결과 1920년 1월 세계평화의 수립과 인류문화의 창달을 목표로 세계 50여개 국가의 참여로 국제연맹League of Nations이 창설됐다. 하지만 이 기구는 출발부터 한계를 안고 있었다. 연맹 창설의 주도국이었던 미국이 상원에서 베르사유 조약 승인 부결로 인해 불참했고 독일과 소련은 가입이 불허됐다. 무엇보다도 향후 국제적 폭력행위에 대해 합당한 제재 수단이 결여되어 있었다. 물론 이러한 상황 하에서도 평화정착을 위한 노력은 지속되어 일련의 군축회담—워싱턴 군축(1921), 제네바 군축(1927), 런던 군축(1930)—이 개최됐다.

전쟁을 방지하고 평화를 정착시키기 위한 염원은 국제조약의 형태로도 표출됐다. 대표적으로 독일, 프랑스, 벨기에가 라인강 부근의 국경에 대한 상호 영토보전에 합의한 로카르노 조약(1925)을 꼽을 수 있다. 사실상 로카르노 조약은 그동안 베르사유 조약 수용을 거부해온 독일이 조약 내용 준수를 약속한 것으로 이를 계기로 유럽 내에 화해의 분위기가 한층 고조됐다. 이러한 기운을 몰아서 미국과 프랑스는 "향후 국제분쟁의 해결 수단으로 전쟁을 사용하지 않는다"는 내용을 골자로 하는 일명 부전不戰

조약(켈로그-브리앙 조약, 1928)을 체결하는데 까지 나아갔다.

1918년 11월에 끝난 제1차 세계대전은 유럽 대륙에 선명하게 드러나는 지각변동을 일으켰다. 제국의 몰락과 국경선 변화를 통해 유럽의 지형도는 판이하게 바뀌었다. 유구한 전통과 막강한 권위를 자랑하며 영원불멸을 뽐내던 오스트리아(합스부르크 왕조), 독일(호헨쫄레른 왕조), 러시아(로마노프 왕조), 그리고 오스만 터키(오스만 왕조) 등 제국과 왕조들이 몰락했다. 그 빈자리를 폴란드, 발틱 3개국, 헝가리, 체코슬로바키아, 유고슬라비아 왕국 등 신생 독립국가들이 채웠다. 평화정착을 위한 다각적인 노력들 덕분에 1920년대 중반 이래 유럽에는 새로운 희망이 싹트기 시작했다. 하지만 새로운 새싹이 움터서 제자리를 잡기도 이전에 세계대공황(1929)과 파시즘이라는 음울한 폭풍우가 서서히 밀려오고 있었다. 그토록 염원하던 평화를 또 놓칠지 모른다는 우려가 현실로 바뀌는 데는 그리 오랜 시간이 걸리지 않았다. 이번에도 평화 위협의 주인공은 베르사유 조약에 불만이 컸던 히틀러의 나치 독일이었다.

4. 러시아혁명(상): 제정 러시아의 유산

1917년 10월 혁명을 통해서 로마노프 왕조의 제정帝政 러시아가 몰락하고 세계 최초의 공산국가 소련이 역사의 무대에 등장했다. 혁명을 통해 러시아는 사회 전체가 뒤집어지는 대변화를 겪었다. 혁명은 이전에 서양에서 일어났던 다른 어떠한 사건들보다도 훨씬 심대한 충격을 당대 러시아인들에게 가했다. 왜 러시아에서는 뒤늦게 20세기에 혁명이 일어났을까? 그리고 그 혁명은 왜 그토록 치열해야만 됐을까? 이에 대한 답을 얻기 위해서는 먼저 혁명 이전 제정 러시아의 특질에 대해 이해할 필요가 있다.

원래 슬라브족의 거주지인 러시아에 국가형태를 세운 것은 이민족이었고, 러시아Russia란 명칭도 거기에서 유래됐다. 스칸디나비아 반도에 살던 루스족은 9세기 경 지도자 루릭의 영도 하에 러시아 평원으로 이주, 슬라브 족의 왕국들을 정복하고 9세기 중엽 우크라이나 평원에 키에프 공국公國을 세웠다. 당대 러시아를 대표하는 정치권력이었던 키에프 공국은 980년 인접한 비잔틴 제국으로부터 그리스 정교를 수용, 오늘날 러시아 정교회의 골격을 형성했다. 하지만 이러한 문명화의 길도 잠시 뿐 러시아는 13세기 중엽 이래 약 3백년에 걸친 일명 '타타르의 멍에'로 불리는 몽고족의 지배로 떨어진 채 서구문명과의 접촉이 단절됐다.

15세기 말경 모스크바 공국이 성장하면서 몽고족을 축출하고 바야흐로 국가 탄생의 기틀을 마련할 수 있었다. 원래 몽고 지배의 대행자 역할을 통해 세력을 키운 모스크바 공국은 동서 무역의 중심지라는 지리적 이점을 십분 활용하여 러시아를 대표하는 세력으로 군림했다. 이후 이반 3세 및 이반 4세의 통치기를 거치면서 절대 권력을 지닌 차르Tsar가 통치하는 강력한 중앙집권제를 이룩했다. 약간의 혼란기 이후 1613년 로마노프Romanov 왕조가 들어서면서 제정 러시아는 1917년 10월 혁명으로 몰락할 때까지 유지됐다.

러시아가 강국으로 부상하는데 가장 중요한 기여를 한 인물은 표트르 대제Peter the Great(재위 1682~1725)였다. 러시아의 후진성을 극복하기 위해 그는 집권 초반부터 의욕적으로 '서구화 정책'을 추진했다. 시찰단의 일원으로 영국, 네덜란드 등 유럽의 선진 지역들을 방문, 서구 문물을 직접 목격하고 체험한 표트르 대제는 귀국 후 본격적인 개혁 작업을 실시했다. 우선, 기존의 귀족들을 철저하게 재편하여 귀족제도를 새로 확립하고 관료통치를 실시하는 등 왕권의 전제화를 꾀했다. 이어서 종교계까지 장악하여 황제 자신을 정교회의 중심에 놓았다. 또한 정규군을 창설하고 해군을 육성, 이를 토대로 스웨덴과 벌인 북방전쟁(1701~1712)에서 승리해 발트 해의 제해권을 장악했다. 무엇보다도 수도를 모스크바에서 발트 해 연안에 새로 건설한 상트페테르부르크로 이전했는데 이는 그가 추구한 서구화 정책을 만천하에 천명하는 상징적인 조치였다. 이렇게 구축된 통치체제를 기반으로 에카테리나 여제(재위 1762~1796)는 러시아의 영토를 더욱 확장하고 귀족계급을 특권화하면서 궁극적으로 차르의 권한을 더욱 공고하게 다졌다.

19세기로 접어든 제정 러시아는 이전 역사로부터 다음과 같은 유산遺産을 물려받았다. 우선, 차리즘Tsarism으로 불린 강력한 전제정치였다. 중세 봉건제 이래 나름대로 국가권력의 한 축을 담당해 온 서유럽의 귀족계급들과는 달리 러시아의 지배계급인 귀족들은 황제의 전제정치 강화와 궤를 함께 하면서 형성됐다. 예컨대, 이반 4세는 구舊귀족들의 토지를 몰수하여 군주에게 충성하는 무사계급에게 분배하는 방식으로 귀족계급을 재편성했다. 이러한 신新귀족층에게 표트르 대제는 국가에 대한 봉사의 의무를 부과했고, 에카테리나 여제는 영지 소유, 면세, 면역, 농노들에 대한 통제권 등 제반 특권을 부여했다. 이처럼 귀족은 군주에게 절대 충성하는 권력의 하수인에 불과했기에 차르는 동양적인 전제군주처럼 세속세계와 정신세계를 아우르는 절대권을 행사할 수 있었다.

러시아 농노

이러한 러시아의 지배체제는 어떻게 유지될 수 있었을까? 이는 바로 러시아 인구의 대다수를 차지하고 있던 피지배층, 즉 농노農奴들의 존재 때문이었다. 원래 농노제도는 중세 유럽에서 장기간에 걸쳐서 자연적으로 형성된데 비해 러시아에서는 전제왕권과 귀족제도를 지탱하는 하부구조로 뒤늦게 인위적으로 등장했다. 황제의 입장에서는 국가의 주 재정담당 계층으로 그리고 귀족의 입장에서는 새로운 영지의 개척자로서 농민들을 이용할 필요성을 느끼고 세습농노제(1649)를 선포했다. 이를 통해 농민들은 거주이전의 자유를 박탈당하고 소속 영지에 붙잡히는 신세로 전락한 '농노'가 되고 말았다. 이들은 국가에 세금을 납부하고 영주인 귀족에게는 수시로 노동력을 제공하며, 심지어는 노예처럼 매매되기조차 했다. 이러한 러시아 농민의 비참한 실정은 19세기에 이르러서도 별로 개선될 기미가 보이지 않았다.

이러한 유산을 안고서 출발한 제정 러시아의 19세기는 개혁과 반동으로 점철된 역사였다. 19세기의 초반부는 나폴레옹 프랑스군의 침략과 격퇴로 시작됐다. 나폴레옹 몰락에 기여한 자부심을 갖고서 차르 알렉산더 1세는 오스트리아의 수도 비엔나에서 열린 전후처리회담에 참석, 유럽 열강의 지배자들에게 러시아의 힘을 과시했다. 이와는 대조적으로 프랑스군을 추격해 파리까지 갔던 일단의 러시아 장교들 중 자유주의의 세례를 받은 소수의 귀족장교들에 의해 아주 미약하나마 러시아에 자유의 씨앗이 떨어졌다. 바로 알렉산더 1세를 계승한 니콜라이 1세의 대관식이 있던 1825년 12월 어느 날 일단의 젊은 귀족장교들을 중심으로 차리즘에 대한 도전이 있었는데, 역사는 이를 '데카브리스트(12월당)의 반란'이라 부른다.

비록 허무한 실패로 끝나고 말았으나, 이념적 동토凍土의 땅 러시아에 자유를 향한 한 줌의 씨앗이 뿌려졌던 것이다. 이는 모진

풍파와 시련 속에서도 살아남아 80여년의 세월이 흐른 20세기 초반에 혁명의 불꽃으로 타올랐다. 세계를 뒤흔든 20세기 러시아혁명은 이처럼 미약하나 죽음도 불사한 소수 선각자들의 자유를 향한 외침에서 뿌리를 내리고 이후 혁명가들의 피와 땀을 밑거름으로 삼아 자라왔던 것이다.

5. 러시아혁명(중): '유산流産된' 1905년 혁명

러시아 역사에서 19세기는 개혁과 반동이 반복해서 일어난 시기였다. 19세기 중반에 이르면 동토의 땅 러시아에서도 서서히 해빙의 조짐이 보였다. 제정 러시아를 지탱하고 있던 차리즘과 농노제에 균열이 생기기 시작한 것이다. 그 계기는 외부의 충격, 즉 크림전쟁(1853~1856)에서의 참패였다. 영국, 프랑스 등 서방 원정군과 흑해의 크림반도에서 벌인 전쟁에서 홈그라운드라는 이점에도 불구하고 러시아는 맥없이 패하고 말았다. 나폴레옹 군대를 격퇴했다는 '불패의 신화' 이면에 숨겨져 있던 러시아 사회의 후진적 실상이 여지없이 드러났다.

이로써 대수술은 불가피하게 됐다. 그 임무를 떠안은 것은 신임 차르 알렉산드르 2세(재위 1855~1881)였다. 그가 행한 제반 개혁들 중 농노해방령을 대표로 꼽을 수 있다. 1861년 차르는 세습 농노제를 폐지하는 농노해방령을 선포해 러시아 농민들에게 귀족의 인신지배에서 벗어날 수 있는 법적 자유와 함께 일정량의 토지를 분배했다. 같은 시기 미국의 흑인노예 해방령(1863)과 더불어 19세기의 인권신장을 대변하는 획기적 조치였다. 토지 분배가 개인이 아니라 미르Mir(농민공동체) 단위로 이뤄지고 무상이 아니라 장기간 상환금을 납부해야만 하는 유상분배였다는 한계에도 불구하고 농노제도의 철폐는 강고强固하던 러시아의 귀족제도에 타격을 가했다.

애석하게도 모처럼 찾아든 개혁의 햇살은 단명하고 말았다. 러시아는 또 다시 강권적 통제와 탄압이라는 어둠 속으로 빨려들었다. 일명 '개혁군주'로 자처했던 알렉산드르 2세의 암살사건(1881)은 이러한 변화를 초래한 직접적 계기가 됐다. 예기치 않은 선왕의 죽음에 분노한 알렉산드르 3세(재위 1881~1894)는 즉위 초반부터 강력한 전제정치를 천명하고 선대의 개혁들을 원위치로 돌리는 반동정치를 추구했다.

그러나 '자유'란 일단 땅에 떨어지면 어떠한 시련 속에서도 살아남아 변혁을 일으키는 특성을 갖고 있는바, 러시아도 예외가 아니었다. 점차 아래로부터 러시아 사회를 개혁하려는 움직임이 대두했다. 이때 변화의 흐름을 주도한 것은 '인텔리겐치아Intelligentsia'로 불린 러시아의 급진적 지식인 계층이었다. 서구와는 달리 자유주의적 변혁을 주도할 만한 중산계층이 부재不在했던 러시아에서는 바로 지식인들이 그 역할을 대신했던 것이다. 주로 1860~1880년대를 풍미한 이들 인텔리겐치아의 활동은 초기에는 기존의 모든 전통을 거부하는 허무주의적 경향을 보이다가 1870년대에는 농촌계몽을 지향한 인민주의V-Narod 운동으로, 이러한 시도들이 실패한 후에는 극단적 폭력에 호소하는 방향으로 전개됐다. 바로 이때 등장한 과격단체들 중 하나였던 '인민의 의지당'이 알렉산드르 2세를 암살했던 것이다.

1890년대에 접어들면서 산발적 테러로는 체제 변혁이 불가능함을 자각한 저항세력들은 조직적인 정치운동으로 방향을 전환했다. 그래서 1890년대 말 이래 러시아에는 마르크스주의자 중심의 사회민주당, 인민주의자 중심의 사회혁명당, 그리고 자유주의자 중심의 입헌민주당이라는 세 개의 비밀정당이 결성됐다. 이들 모두 러시아 사회의 변혁을 위해 나름대로 기여했으나 최종 승자가 된 것은 사회민주당이었다. 초반에는 가장 약세였던 이들은 꾸준히 세력을 키워서 마침내 1917년 10월 혁명을 주도, 새로운 러시아의 지배집단으로 군림할 수 있었다.

어떻게 이런 일이 가능했을까? 창당(1898) 후 곧 볼셰비키와 멘셰비키로 나뉘어 치열한 노선경쟁을 벌인 바 있던 사회민주당은 기본이념으로 마르크시즘을 표방했다. 강철 같은 의지를 지닌 소수 직업적 혁명가들의 역할을 강조한 레닌Vladimir Lenin(1870~1924) 중심의 볼셰비키가 당권을 장악했으나 이들이 뿌리를 내리고 있던 토대는 러시아의 노동자들이었다. 1880년대 이래 국가 주도로 산업화가 추진되면서 대표적인 농업 국가였던 러시아에서도 미약하나마 노동계급이 형성되기 시작했다. 특히 당시 재무대신 비테Sergei Witte가 시베리아 횡단철도를 부설하고 탄광과 유전을 개발하는 등 의욕적으로 산업화를 추진한데 힘입어 노동계급의 수는 20세기 초반 약 3백만 명에 달할 정도로 증가했다. 전체 인구에 비하면 여전히 미약했으나 마르크시즘이 뿌리 내리기에는 충분했다.

러시아 전제체제의 근본적 변혁은 여전히 요원遙遠하다는 개혁가들의 예상과는 달리 20세기 초반 예기치 않게 혁명이 발생했다. 역사는 이를 '1905년 혁명'이라고 부르며, 이에 불을 당긴 것은 러일전쟁의 패배 분위기에서 터진 이른바 '피의 일요일 사건

피의 일요일

(1905. 1)'이었다. 생활고에 지친 나머지 황제에게 직접 탄원하기 위해 차르의 겨울 궁전으로 행진하고 있는 상트페테르부르크의 노동자 시위대를 향해 경비병들이 발포하여 수많은 사상자가 발생했던 것이다. 이는 19세기 중반 이래 차르 정부의 반동정치 및 산업화 등의 여파로 누적되어온 제반 문제들과 전쟁에서의 연속적 패배로 고조된 러시아인들의 불만을 분출시키는 기폭제가 됐다. 곧 이어 전국에 걸쳐서 도시에서는 노동자들의 동맹파업이, 농촌에서는 농민들의 폭동이, 그리고 제국의 변경에서는 소수민족의 반란이 일어났다. 이러한 상황 속에서 혁명세력들은 차르 정부에게 입헌군주제로의 전환, 농촌개혁, 그리고 노동자들의 생활여건 개선 등을 요구했다. 특히 수도 상트페테르부르크의 노동자들은 소비에트Soviet(노동자대표 협의회)를 조직하여 노동계급을 결속하고 정치세력화하기 시작했다.

그렇다면 1905년 혁명은 성공했는가? 단기적 성과에도 불구하고 혁명은 실패했다. 시간이 흐르면서 전제정부의 대응은 효과를 발휘한데 비해 혁명세력들은 지리멸렬했기 때문이다. '피의 일요일 사건'이 전국적인 소요사태로 확산되자 차르 정부는 전략적 후퇴를 결정했다. 노회한 정치가 비테의 조언을 수용한 니콜라이 2세는 이른바 '10월 선언October Manifesto'으로 헌법 제정, 개인의 기본권 보장, 그리고 두마Duma(입법의회)의 소집 등을 명시한 개혁안을 제시했던 것이다. 물론 이후 이러한 약속은 제대로 지켜지지 않았으나, 이로 인해 혁명의 열기는 급격하게 식어갔다. 게다가 분열되기 시작한 혁명세력과는 대조적으로 군대는 여전히 차르에게 충성했다.

1905년 혁명은 러시아의 전제체제를 종식시키지 못하고 일종의 '유산流産된 혁명'으로 끝나고 말았다. 무질서를 수습한 차르가 권한 강화에 나서면서 어느 누구도 러시아에서 또 다시 혁명이 일어날 것이라고는 기대할 수 없었다. 하지만 클리오Clio(역사의 여신)의 마음은 누구도 예측할 수 없는 법, 1917년에 이르러 재차 혁명적 사태가 찾아 왔다. 이번에도 그 계기가 된 것은 예기치 않게 터진 전쟁, 즉 제1차 세계대전이었다.

6. 러시아혁명(하): 세계를 '뒤흔든' 1917년 10월 혁명

1905년 혁명의 열기를 '10월 선언'이라는 전략적 후퇴로 잠재운 차르정부는 곧 전진을 위한 행보를 시작했다. 이때 그 총대를 멘 인물은 총리대신으로 발탁된 스톨리핀Peter Stolypin(1906~1911 재임)이었다. 그는 의욕적으로 농업개혁을 추진하여 쿨락Kulaks이라 불린 자영농, 즉 제정을 지지할 '보수적 유산계층'을 육성코자 했다. 이를 위해 500만 에이커에 달하는 왕령지를 농민들에게 염가廉價에 양도하고, 농노해방령 이래 농민들을 구속해 온 미르에의 예속을 폐지하고 많은 부담을 줬던 토지상환금을 없앴다. 이러한 과감한 조치 덕분에 점차 농업생산량이 향상되고 쿨락 계층이 형성되면서 차르체제가 안정되는 듯 했다.

그러나 역사의 앞날은 오직 클리오Clio만이 알 수 있는 것일까? 1910년대에 접어들어 차르정부에게 불길한 징조를 예고하는 두 가지 사건이 터졌다. 우선, 제정의 명운을 걸고 야심차게 추진한 농업개혁이 궤도에 오르려 할 즈음 이의 설계자겸 총지휘자였던 스톨리핀이 암살(1911)되고 말았다. 설상가상으로 그 후유증을 극복하기도 전에, 이전 글에서 살펴본 바처럼, 1914년 여름에 발생한 사라예보 사건을 계기로 제1차 대전이 발발했다. 맨 먼저 동원령을 발동한 러시아는 적극 전쟁에 참전했다. 그런데 문제는 준비가 미흡한 채 성급하게 참전한 탓에 러시아군은 탄넨베르크 전투(1914. 8월말)에서의 참패를 시작으로 대전 초반부터 계속 패했다. 더구나 예상과는 달리 전쟁이 장기화되면서 인명 손실은 눈덩이처럼 불어났고 군수물자는 고갈돼 갔다. 당연히 러시아군의 사기는 땅에 떨어졌다.

역사적으로 왕조 말기에 흔히 무능한 통치자가 등장해 멸망을 재촉했듯이 러시아의 로마노프 왕조도 예외가 아니었다. 전선의 군대가 연속 패하자 독전督戰할 목적으로 차르 니콜라이 2세는 수도를 떠나서 최전선에서 머물렀다. 그런데 문제는 전방이 아니라 그가 남기고 온 수도 상트페테르부르크였다. 황제가 부재한 권력의 진공 상태에서 '러시아의 신돈'이랄 수 있는 괴승 라스푸틴이 혜성처럼 나타났다. 그는 신령한 능력을 지닌 러시아정교회 수도승으로 자처했으나 실제로는 정체불명의 사나이였다. 어린 황태자의 혈우병 치료를 계기로 황후의 총애를 받으면서 차르정부의 권력 심장부로 진입, 정치를 농단하고 온갖 추문을 일으키는 등 전횡專橫을 일삼았다. 다행히 1916년 12월말에 피살됐으나 황실의 권위는 나락으로 떨어졌다.

이러한 상황 속에서 1917년에 접어들면서 재차 혁명의 기운이 상트페테르부르크에 서리기 시작했다. 2월 중순 경에 식량난으로 인한 배고픔과 모진 추위에 견디지 못한 상트페테르부르크의 노동자들이 폭동을 일으켰다. 이에 대해 1905년 혁명 때와는 달리 병사들이 황제의 진압 명령을 거부하고 오히려 총구를 차르 정부에 겨눈 채 시위대에 합류했다. 시위의 물결은 빠르게 수도 전역으로 확산됐고 이른바 노동자·병사 소비에트가 조직됐다. 다가올 10월 혁명의 서곡인 2월 혁명이 일어난 것이었다. 이번에는 사태 수습이 불가능하다고 판단한 니콜라이 2세가 2월말에 퇴위함으로써 약 3백년 역사의 로마노프 왕조가 몰락했다.

뒤이어 임시정부가 수립됐다. 어느 세력도 단독으로는 집권할 수 없었기에 중산계층의 지지를 받은 두마Duma와 노동자와 병사 등 하층계급의 지지를 받은 소비에트Soviet가 연립하여 일종의 '이

2월 혁명 군인들의 시위행렬

원적 과두체제'를 구성했다. 당장의 필요에 의해 서로 손을 잡기는 했으나 두 세력은 특히 사회경제적 측면에서 상이한 시각을 갖고 있었다. 그러다보니 임시정부는 당시 러시아인들이 진정으로 바란 개혁을 단행하지 못하고 차르정부의 기존 정책을 답습하는 방향으로 나아갔다. 무엇보다도 전쟁 지속 의지를 표명하고 노동자와 농민의 개혁 요구는 묵살했다. 임시정부에 대한 러시아인들의 기대가 무너지는 것은 시간 문제였다.

이러한 혼란의 와중에 한 인물과 그를 추종한 세력이 마침내 1917년 4월 초 수도 상트페테르부르크에 모습을 드러냈다. 이들은 독일군 참모부가 제공한 밀봉열차를 타고 러시아로 잠입한 혁명지도자 레닌과 볼셰비키들이었다. 귀국 후 당시 민심을 정확하게 간파한 레닌은 평화, 빵, 토지, 그리고 '모든 권력을 소비에트로'를 골자로 하는 '4월 테제'를 천명했다. 평화는 무의미한 전쟁에 지친 병사들에게, 빵은 배고픔에 상심한 노동자들에게, 토지는 내 땅을 갈망한 농민들에게 어필하는 구호였다. 장기간 해외 체류로 국내의 입지가 약했던 레닌은 당시 권력의 한 축을 담당하고 있던 소비에트의 지지가 절실했기에 마지막 구호를 더했다. 이후 비록 7월에 시도한 쿠데타에서 실패했으나 트로츠키Leon Trotsky(1879~1940)의 적극 지원 하에 10월말에 일으킨 볼셰비키 무장봉기에서 성공, 마침내 거대한 땅 러시아의 새로운 권력자가 됐다.

레닌과 볼셰비키는 곧 세계 최초의 공산국가를 수립하는 과업에 착수했다. 우선, 볼셰비키를 공산당으로 개칭해 일당독재화하고 국호를 소련으로 변경함과 아울러 수도마저 모스크바로 옮겼다. 이어서 국내에서는 산업의 국유화를 단행하고, 대외적으로는 독일과 단독 강화조약을 체결했다. 하지만 혁명세력이 꿈꾼 이상理想사회를 건설하는 일은 생각처럼 결코 쉬운 일이 아니었다. 보수 세력의 격렬한 반격에 직면한 볼셰비키의 적군赤軍은 백군白軍이라 불린 반혁명 군대와 약 3년에 걸친 내전을 벌여야만 했다. 초전 열세를 극복하고 적군이 승리했으나 이로 인해 러시아 경제는 나락으로 떨어졌다. 경제를 회생시킬 목적으로 자본주의적 요소를 가미한 신경제정책(1921~1928)을 추진하던 레닌이 1924년 급사急死하면서 트로츠키와 스탈린Joseph Stalin(1879~1953) 간에 후계자 쟁탈전이 벌어졌다.

공산당을 기반으로 자기 세력을 키워온 스탈린이 국방장관으로 내전 시 승승장구했던 트로츠키를 누르고 최종 승자가 됐다. 이후 농업국가 소련을 공업국가로 바꾸는 작업에 착수한 스탈린은 개혁에 저해되는 자들을 가차 없이 시베리아 유형과 총살형에 처했다. 이어서 자신과 동고동락한 동료 볼셰비키들마저 대숙청(1936~1939)이라는 철권정치로 제거했다. 수천만 러시아인들의 무고한 죽음을 담보로 그가 명목 상 내세운 것은 사회주의 이상국가의 실현이었다. 하지만 이것이 한낱 신기루에 불과했음을 오늘날 세계인 모두는 알고 있다. 한동안 세상의 한 축을 호령하던 공산종주국 소련을 무너뜨린 주인공은 세계 최대 식민제국을 건설했던 영국도 제2차 대전 중 소련을 초토화시켰던 나치독일도 아니었다. 그는 바로 같은 시기에 대서양 건너편에서 또 다른 세계강국으로 부상한 미합중국이었다.

스탈린 신격화 포스터

7. 19세기 미국의 발전, 세계 강국으로의 부상

미국역사에서 19세기가 갖는 의미는 남다르다. 갓 태어나 겨우 걸음마 단계에 있던 신생국이 이 기간에 덩치와 체력을 키워서 세기 말에는 세계적 강국으로 부상했기 때문이다. 19세기에 접어들어 양당정치 구도를 형성한 미국은 서부개척 시대를 열었으나 남북전쟁으로 서로에게 총구를 겨누는 비극을 경험했다. 하지만 희생을 밑거름으로 자유와 꿈을 추구하는 동질성을 회복하고 국가통합과 경제부흥의 길로 매진했다. 덕분에 19세기 말에 이르러 강대국으로서 세계를 향해 날개를 펼 수 있었다.

파리조약(1783)으로 국제적 승인을 받은 미국은 곧 정치적 안정을 꾀하는 방향으로 나아갔다. 1789년 독립전쟁의 영웅 조지 워싱턴이 초대 대통령으로 선출됐다. 존 아담스(제2대)를 거쳐서 1801년 남부 출신의 토머스 제퍼슨이 그 뒤를 이었다. 이러한 평화적 정권 교체를 통해 19세기 초반에 양당 정치체제를 구축했다. 상공업 위주의 동북부지역 주州들을 중심으로 중앙정부의 권한 강화를 추구한 연방주의자 진영과 농업 위주의 남부지역 주들을 중심으로 주별 주권의 강화를 강조한 공화주의자 진영으로 대별됐던 것이다. 1812년 영국과의 전쟁에서 승리하고 그 여세를 몰아 남아메리카에 대한 유럽 열강의 간섭에 반대하는 '먼로 독트린'을 공포(1823)하는 등 국가적 자신감을 높여 왔다.

무엇보다도 19세기의 미국 발전을 표상하는 이미지는 서부개척을 통한 비약적인 영토 팽창이었다. 막 독립을 쟁취한 18세기 말 경에 애팔레치아 산맥을 넘어 간신히 알레게니 산맥까지 이르렀던 영토는 이후 19세기 전반기에는 미시시피 강까지 그리고 19세기 후반기에는 대평원 지대와 로키 산맥을 넘어 태평양까지 도달했다. 이러한 서부로의 영토 확장은 미국사에서 일명 '프런티어 사관'이라는 관점을 태동케 했다. 1893년 역사가 터너F. J. Turner(1861~1932)는 그동안 동부 중심의 청교도정신에 그 뿌리가 있다고 믿은 개인주의, 근면성, 진취성, 자유와 평등사상과 같은 미국 국민성의 특질이 실제로는 서부 개척 과정에서 배태됐다는 주장을 내세웠다. 처음에는 기존 역사가들로부터 비판을 받았으나 이후 미국 역사를 바라보는 중요한 사관으로 자리 잡으면서 '프런티어 정신Frontier Spirit'이라는 용어를 유행케 했다.

다른 한편으로 이러한 프런티어의 진전은 미국 사회 내에 구조적인 문제를 초래했다. 우선, 인디언 박해 문제를 꼽을 수 있다. 잘 알다시피 유럽인들이 왔을 때 북아메리카 대륙은 무주공산無主空山이 아니었다. 이미 오래 전부터 인디언들이 다양한 부족으로 나뉘어 수렵생활을 하고 있었다. 이들은 서부로의 팽창 과정에서 무기체계상의 엄청난 격차로 인해 그럴다할 만한 저항조차 못한 채 척박한 땅으로 내몰리는 신세가 되고 말았다.

그러나 보다 심각한 골칫거리는 흑인노예 문제였다. 사실상 이는 어제오늘의 일이 아니라 건국 초기부터 태생적으로 안고 온 아킬레스건이었다. 건국 이후 남부와 북부는 서로 이질적인 경제체제를 형성해 왔다. 자유노동 중심의 공업 발전을 지향한 북부와는 달리 남부는 면화 재배를 주축으로 한 농업사회를 추구했다. 그런데 저렴한 노동력에 의존할 수밖에 없는 면화 농사의 속성상 남부의 대농장주들은 일찍부터 흑인노예들을 활용해 왔다. 그런데 남부와 북부 간에 구조적 대립이 심화되면서 노예노동은 경제적 차원을 넘어서 인간의 기본인권 침해라는 양식良識의 문제로 확대됐다.

서부로 영토가 확장되고 그에 따라 새로운 주州가 생기면서 노예문제가 남북부 간의 대립을 표면화하는 정치적 문제로 발전했다. 물론 팽창 과정 중에 드러난 분쟁을 미주리 타협안(1820, 새로 연방에 편입되는 미주리 주를 노예주로 하는 대신 동부에 메인 주를 신설해 노예주와 자유주의 수를 동일하게 유지하고, 이후로 위도 36.30도를 기준으로 그 이남 지역은 노예주로 이북 지역은 자유주로 정한다는 합의)과 캔사스-네브라스카 법(1854) 등의 조치로 해결코자 했으나 이는 미봉책에 불과했다. 1850년대 중반 이후 신설된 주들에서 노예제도의 찬반을 놓고 양 진영 간에 유혈 충돌 사태가 끊임없이 발생했다.

마침내 1860년대에 접어들어 남북은 인내의 한계에 다다랐다. 1860년 노예제도의 폐지를 주창한 링컨이 대통령에 당선되면서 남부와 북부의 주들은 서로 돌아올 수 없는 강을 건너고 말았다. 1861년 4월 섬터 요새에 울려 퍼진 남군의 포성砲聲을 시발로 이후 남북은 약 4년간에 걸친 전쟁에 돌입했다. 초기 예상과는 달리 선전善戰하던 남군은 1863년 초 링컨의 노예해방령 선언으로 도덕적 정당성까지 선점한 북군의 공세에 밀려서 결국 항복(1865)하고 말았다. 남북전쟁은 총 1백만여 명의 사상자를 낼 정도로 엄청난 인적 및 물적 피해를 초래했다. 하지만 보다 넓은 관점에서 볼 때, 전쟁을 통해 미국은 근원적 두통거리였던 흑인노예 문제를 해결하고 진정한 국가통합으로 순항할 수 있었다. 특히 전쟁이 북부의 승리로 귀결되면서 이후 상공업 중심의 자본주의 경제체제를 확립 및 발전시킨데 힘입어 1900년에 유럽 열강들을 제치고 세계 1위의 공업국가로 올라설 수 있었다.

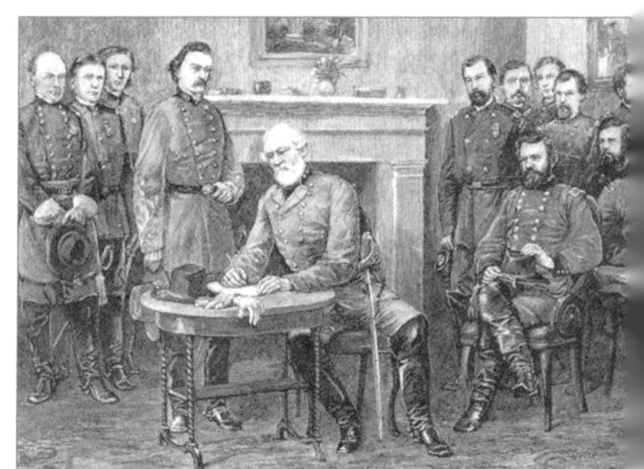

남군의 항복조인서 서명

19세기 후반 미국경제의 빠른 발전은 제반 요인들의 복합적 작용으로 달성됐다. 광활한 땅에 매장된 풍부한 물적 자원과 이민 물결에 힘입은 젊은 인적 자원, 그리고 벨의 전화기와 에디슨의 전기 등에서 엿볼 수 있는 신기술 발명과 개발 등이 뒤엉켜 분출했다. 더구나 핵심적인 산업기반은 이미 남북전쟁 중에 마련됐다. 소자본 농민의 서부 이주를 자극한 자작농지법Homestead Act(1862, 서부 국유지에서 5년간 개척에 종사하면 160에이커의 토지를 무상 제공)과 미 대륙을 단일한 국민경제 권역으로 묶는데 크게 기여한 대륙 횡단철도의 부설(1862~1869) 등을 대표적 사례로 꼽을 수 있다.

이러한 미국의 국력 신장은 곧 적극적인 대외진출 정책으로 이어졌다. 때마침 발간된 머헨Alfred Mahan의 저술은 대양해군의 필요성을 역설하면서 미국정부의 대외정책에 이론적 토대를 제공했다. 실제로 미국은 스페인과의 전쟁(1898)에서 승리하면서 필리핀, 괌, 하와이 등을 차지하고 1899년에는 '문호개방정책'을 천명, 태평양을 건너서 중국으로의 진출을 도모했다. 바야흐로 20세기에 진입하면서 미국은 세계를 향해 자신의 존재감을 표출하는 선에서 머물지 않고 한걸음 더 나아가서 세계사의 흐름을 좌우하는 강대국으로 그 위용을 과시하기 시작했다.

8. 20세기 전반기 미국: 대공황을 극복하고 우뚝 서다

20세기는 미국의 세계라고 해도 과언이 아니다. 19세기말~20세기 초에 역동적인 경제발전을 통해 도약의 기지개를 켠 미국은 이제 본격적으로 세계사의 전면에 등장했다. 그 직접적 계기는 유럽에서 벌어진 제1차 세계대전이었다. 미국은 대전 중반까지는 거의 독점적으로 군수물자를 판매한 덕분에 세계 최대의 채무국에서 채권국으로 변신했고, 대전 말기에는 직접 참전하여 협상진영의 승리에 기여했다. 그 여세를 몰아서 전후처리 과정에서 주도적 역할을 수행하면서 세계의 강국으로 올라섰다. 1920년대 말의 경제 대공황大恐慌으로 한 때 주춤했으나, 이른바 '뉴딜New Deal 정책'으로 이를 극복하고 제2차 세계대전을 맞았다.

미국 역사에서 이 시기는 가히 '자본의 시대'였다. 하루가 멀다하고 무수한 백만장자들이 출현했고, 이들은 더 많은 부富를 얻기 위해 온갖 수단을 동원해 치열하게 경쟁했다. '석유 왕' 록펠러, '철강 왕' 카네기, '금융 왕' 모건 등 자본주의를 상징하는 갑부들이 출현했고, 이들은 선망의 대상이자 새로운 시대의 명사로서 인구에 회자됐다. 다른 한편으로 이 시기는 급격한 치부致富로 많은 졸부들이 탄생하면서 속물俗物들이 판을 친 '도금시대Gilded Age'인 동시에 무절제한 자본의 탐욕을 비판하고 일련의 독점금지법을 제정해 대기업의 횡포를 견제하려한 '혁신주의 시대'이기도 했다.

이러한 경제발전 과정에서 오늘날 미국인들의 정신문화적 기반이 되는 덕목들이 형성됐다. 즉, 자신 삶에 대한 책임은 전적으로 개인에게 있다는 개인주의individualism, 가난은 나태와 무책임의 산물이고 부유함은 근면, 정직, 절제의 산물이라는 근로윤리work ethic, 변화와 실질을 강조하는 실용주의pragmatism, 그리고 가능한 한 국가는 개인의 사생활에 간섭하지 않는다는 자유방임주의laissez-faire 등이 미국인들의 뇌리와 생활 속에 뿌리를 내렸다.

마침내 그동안 쌓은 저력을 세계에 과시할 수 있는 기회가 찾아왔다. 1914년 8월 대서양 건너 유럽대륙에서 전쟁이 발발한 것이었다. 중립을 선언한 미국은 영국과 프랑스 등 유럽 국가들을 상대로 군수물자를 수출해서 막대한 수입을 올렸다. 하지만 전쟁은 신생 강대국 미국을 그냥 내버려두지 않았다. 대전 중 발생한 일련의 사건들—루시타니아 호 침몰사건(1915. 5), 무제한 잠수함 작전선언(1917. 2), 치머만 전보사건(1917. 2)—로 인해 독일과의 관계가 악화된 미국은 마침내 1917년 4월 협상진영의 일원으로 세계대전에 뛰어들었다.

오랜 총력전으로 양 진영 모두 기진맥진해 있던 상황에서 경제대국 미국의 참전은 협상진영에 가뭄에 단비와 같았다. 민주주의의 수호라는 참전 명분에 더해 실질적으로 미국은 막대한 인원(약 200만 명)과 물자(약 100억 $)를 투입해 전쟁 승리에 크게 기여했다. 전후에 미국의 입김이 세진 것은 당연했다. 1919년 1월 파리에서 개막된 전후처리회담에서 미국 대통령 윌슨이 제시한 '14개 조항'이 회담의 기본원칙으로 수용된 것도 무리가 아니었다.

대전 후 미국은 대외적으로 더 이상 유럽 문제에는 개입하지 않겠다는 고립주의 노선을 취하면서 전적으로 국내 문제에 주력했다. 공화당 정부가 주도한 1920년대의 미국은 사회경제적으로 번영을 누렸다. 세계 최대의 채권국가라는 자본력을 바탕으로 전후 빠르게 군수軍需에서 민수民需로 전환한 미국경제는 실생활에 필요한 물품 생산에 주력했다. 세탁기, 냉장고 등 다양한 가전용품들이 대량생산되면서 여성들이 가사노동에서 해방되어 자유를 만끽하고 직장까지 갖는 사회적 현상이 나타났다.

무엇보다도 이 시대를 풍미한 공산품은 헨리 포드의 'T형 모델'로 표상되는 자동차였다. 미국은 당시 전 세계 자동차 생산량의 80%를 차지할 정도였다. 이러한 경제적 풍요를 향유하는 과정에서 이른바 '미국적 생활양식'이 자리 잡았다. 이제 미국인들의 일상생활은 주로 자동차를 중심으로 이뤄졌다. 게다가 다양한 물건들이 대량생산되고 이와 관련된 각종 상업광고가 봇물을 이루면서 대량소비사회가 출현했다. 하루가 멀다 하고 뉴욕의 하늘에는 마천루가 솟아올랐다.

그러나 절제되지 않은 풍요에는 예외 없이 혹독한 대가가 엄습하는 법. 그동안 가파른 상승곡선만을 그려오던 뉴욕 증권시장의 주가가 대폭락하면서 이후 미국과 세계는 역사상 유래가 없는 경제 불황에 빠졌다. 대공황이 미친 영향이 심대하기에 그 원인에 대한 설명도 다양하나 크게 보아 공황은 종전終戰과 더불어 배태되어 왔다. 전시에 급증했던 미국 농산물에 대한 수요가 종전과 함께 급감하면서 점차 농업이 만성적인 불황에 빠지게 됐다. 농민들의 구매력이 저하되면서 대량생산된 물품들은 주인을 찾지 못한 채 공장마다 재고在庫가 넘쳐나게 됐다. 여기에 당시 은행 등 금융 계통의 방만한 신용정책은 미국인들에게 증권투자를 통한 일확천금을 꿈꾸게 했다. 모두가 들떠 있던 분위기에서 '검은 금요일'로 불린 1929년 10월 24일, 갑자기 주가가 폭락하면서 광란적 투매현상이 뉴욕 증권거래소를 휩쓸었고 이는 곧 전 산업분야로 확산됐다. 얼마 후 뉴욕과 시카고 등 대도시의 거리는 실업자와 구직자들로 득실거렸다. 당시 세계경제에서 미국이 차지한 비중은 컸다. 따라서 이러한 미국경제의 침체는 필연적으로 세계경제의 기상도에 짙은 먹구름을 드리웠다.

이러한 경제 불황 속에서 1930년대 초반 공화당에서 민주당으로 정권교체가 일어났다. 이때 제32대 대통령으로 당선된 루즈벨트Franklin D. Roosevelt(재임 1933~1945)는 경제 전반에 걸친 국가 개입의 확대를 골자로 하는 '뉴딜정책'을 천명하고 이를 통해 경제 불황에서 벗어나고자 했다. 흔히 '3R정책'이라 불리는 뉴딜정책은 산업과 농업의 활성화를 위한 부흥정책Recovery, 실업자 해결을 위한 구제정책Relief, 그리고 노동기본권 및 사회보장제 확립을 위한 개혁정책Reform을 그 핵심 내용으로 했다. 이러한 노력 덕분에 미국은 1930년대를 통해 경제 불황을 극복하고 그 여세를 몰아서 1940년대 초반 재차 '자유와 민주주의의 파수꾼'이라는 세계사적 역할을 떠맡게 됐다.

러시모어산
대통령 조각상

9. 무솔리니와 히틀러의 등장

제1차 세계대전이 끝난 후 유럽에서는 한 동안 서방 전승국들을 중심으로 국제연맹 창설, 군축회담 개최 등 평화 재건을 위한 움직임이 활발하게 전개됐다. 하지만 이러한 평화정착 시도와는 대조적으로 유럽의 다른 곳에서는 파시스트 정권이 대두하고 있었다. 이탈리아의 무솔리니Benito Mussolini(1883~1945)와 독일의 히틀러Adolf Hitler(1889~1945)로 대표되는 이 정치체제는 강력한 개인적 카리스마를 토대로 '영광스러운 민족국가 건설'이라는 미명 하에 무자비한 독재 권력을 행사했다. 대전 후 국내에서 정권을 장악한 이들은 1930년대 중반 이래 주변국에 대해 노골적인 침략정책을 드러냈고, 이는 곧 제2차 세계대전 발발의 도화선이 됐다.

양차 대전 기간 중 유럽에서 대두된 우익右翼 성향의 독재체제인 파시즘Fascism은 전후에 이탈리아에서 맨 먼저 출현했다. 종전 후 극도의 혼란에 처했던 이탈리아의 상황은 파시즘 태동에 비옥한 토양이 됐다. 대전 이전 이탈리아는 독일·오스트리아와 함께 삼국동맹의 일원이었다. 하지만 전쟁 발발 후 중립을 유지하고 있다가 1915년 4월 런던밀약을 통해 협상 진영으로 가담했다. 참전 후 주로 오스트리아군과 전투를 벌인 이탈리아군은 약 60만 명이라는 적지 않은 희생자를 냈다.

이로써 이탈리아 국민들은 나름대로 전쟁 승리에 크게 기여했다고 믿었다. 그런데 막상 베르사유 회담에서 이탈리아는 기대와는 달리 전승국으로서의 대접을 제대로 받지 못했다. 단적으로 런던밀약 시 참전 대가로 협상 진영이 약속했던 전후 영토보상이 제대로 이뤄지지 않았다. 이러한 이탈리아 국민들의 심리적 박탈감은 전후의 심각한 사회경제적 혼란—극심한 인플레이션, 징집해제로 인한 실업자 급증, 공산세력의 준동 등—과 맞물리면서 이탈리아 사회를 걷잡을 수 없는 혼돈 속으로 빠뜨렸다. 더구나 군소정당이 난립하고 있던 자유주의적 정치체제는 속수무책으로 그 무능함만 드러낼 뿐이었다. 민족시인 다눈치오가 주도한 피우메 항구 점령사건(1919. 9)은 전후 난맥상의 일면에 불과했다.

이러한 혼란상이야말로 파시스트들이 바라던 바였다. 전후 점차 추종세력을 키우고 있던 무솔리니가 본격적으로 대중 앞에 모습을 드러냈다. 이탈리아 로마냐 지방 출신으로 한 때 사회주의 진영에 몸 담았던 그는 대전 발발 후 민족주의자로 전향, 1915년 오스트리아와의 전쟁에 자원입대했다. 부상을 당해 1917년 제대한 무솔리니는 종전 직후 불만에 찬 제대 장병들을 중심으로 '전투자동맹Fasci di Combattimento'이란 과격 정치단체를 결성했다. 전후의 혼란 속에서 유산계층의 지지를 등에 업고서 빠르게 세력을 키운 무솔리니는 동맹을 토대로 파시스트당을 창당(1921)하고 이어서 '로마진군March on Rome'(1922. 10)을 계기로 정치적 실권을 장악했다. 이제 그의 행보에 걸림돌이 되는 자들에게는 오직 테러와 투옥, 그리고 죽음만이 기다리고 있을 뿐이었다. 1926년부터 이탈리아 정치계에서는 오직 파시스트당과 무솔리니만 존재했다. 심지어 의회마저 해산되어 일명 '조합국가Corporate State'로 대체됐다.

파시스트 체제의 첫 실현자는 무솔리니였으나 이를 극단으로까지 몰고 간 인물은 바로 독일의 히틀러였다. 원래 오스트리아 출신으로 무명無名이던 히틀러를 유력 정치가로 키워준 일등공신 역시 전후 독일사회의 혼란상이었다. 전쟁 패전국이었기에 종전 후 그 후유증은 보다 심했다. 우선, 독일을 전범자로 규정하고 천문학적 액수의 배상금을 부과한 베르사유조약에 대한 불만이 매우 컸다. 특히 전후 독일군에게 강요된 대폭적인 군비축소는 군부의 불만을 초래했다. 사회경제적 측면에서는 극심한 초超인플레이션으로 의회주의의 기반인 중산계층이 무력화됐다. 전쟁 패배로 호헨쫄레른 왕조가 몰락하고 바이마르Weimar 공화국이 탄생했으나 자유민주주의는 걸음마 단계에 불과했다. 집권 사회민주당의 약체성으로 인해 정국은 혼미한 와중에 정권 탈취를 노린 소요사태가 좌·우파를 가리지 않고 빈번하게 일어났다.

이탈리아의 경우처럼 전후 독일의 불안정한 정세는 '외로운 늑대' 히틀러에겐 호기로 작용했다. 군에서 제대한 그는 자신의 제2의 고향이랄 수 있는 남부도시 뮌헨을 거점으로 정치활동을 시작했다. 우선, 과격한 민족주의자들을 모아서 나치당을 창당(1920)하고 독일민족의 단결, 유대인 추방, 베르사유조약 파기 등을 내세우면서 세력을 키웠다. 혼란 속에서 야심차게 시도한 뮌헨폭동Munich Putsch(1923. 11)에서 실패한 후 히틀러 자신이 투옥되는 등 1924년 이후 나치당은 쇠락의 길을 길었다. 때마침 경제도 점차 회생하면서 바이마르 공화국 체제가 안정됨에 따라 나치당과 같은 과격정당의 앞날은 어둡게 됐다.

그러나 역사의 아이러니일까? 1929년 10월 터진 대공황은 전후 미국의 단기차관에 의존하고 있던 독일경제에 일대 타격을 가했다. 경제구조가 무너지고 실업자가 넘쳐 나면서 독일인들은 재차 나치당의 과격한 슬로건에 솔깃하기 시작했다. 경제 불황으로 조성된 위기적 상황을 이용해 기사회

히틀러 우상화 포스터

생한 나치당은 빠르게 세력을 확장, 마침내 1932년 제1당의 자리에 오르게 됐다. 더욱이 히틀러 자신은 대통령 선거에서 2위의 득표를 하면서 일약 전국적인 정치가로 부상했다.

힌덴부르크 대통령의 견제로 잠시 주춤했던 히틀러가 드디어 1933년 1월 약관 44세로 독일 수상에 취임했다. 이제 그는 대중의 열광적 환호 뒤에서 그동안 감춰온 폭력적 본성을 노골적으로 드러내기 시작했다. 취임 직후 히틀러는 국회의사당 방화사건(1933. 2)이라는 정치공작을 통해 공산당을 비롯한 반대 세력을 무력화시키고 이어서 돌격대 지도부에 대한 피의 숙청을 단행해 당내 도전세력을 제거한 후 총통에 취임(1934. 8)했다.

이제 강력한 산업국이자 잠재적 군사강국이던 독일의 입법, 사법, 행정의 모든 권한이 오스트리아 출신의 미술학도였던 히틀러 수중에 놓이게 됐다. 일찍이 『나의 투쟁Mein Kampf』에서 자신이 천명한 바 있는 목표들을 현실화하는 길로 서서히 발걸음을 내디뎠다. 하지만 이는 오로지 '독일 민족'만을 위한 것이었기에 이러한 그의 행보는 곧 유럽의 하늘을 폭풍우가 임박했음을 암시하는 먹구름으로 뒤덮었다.

10. 파시즘의 속성과 전쟁으로의 길

수년 전 작고한 우리 시대 최고의 역사가로 평가되는 홉스봄Eric Hobsbawm은 20세기를 '극단의 시대The Age of Extremes'로 정의했다. 같은 맥락에서 국내의 한 역사가는 20세기를 '역설의 세기'로 평가했다. 역사상 다른 어느 세기보다도 문명화된 시대였으나 동시에 반反문명적 인물들의 등장과 그들의 만행으로 인류 사회 전체가 소용돌이를 겪었기 때문이다. 양차대전 기간 중 독일과 이탈리아에서 등장한 히틀러와 무솔리니가 바로 그 주인공들이었다. 이들은 개인보다는 민족 전체의 이익을 위한다는 미명 하에 수많은 사람들을 사지死地로 몰고 갔던 것이다.

왜 파시스트 정권은 그토록 폭력적이며 반인권적 이었을까? 이에 대한 답을 찾기 위해서는 우선 파시즘(나치즘)의 속성을 이해할 필요가 있다. 다른 무엇보다도 파시즘은 전체주의의 대명사였다. 전통적인 서구의 개인주의에 반발하면서 개인은 전체(공동체)를 위해 존재한다고 단정했다. 19세기말 이래 서구에서 유행한 유기체적 사회관을 내세워 자신들의 주장을 과학이라는 이름으로 포장했다.

그렇다면 이들이 말한 '전체'는 도대체 누구란 말인가? 한마디로 '민족공동체'였다. 이들에게 민족공동체는 개인의 인생과는 별개로 그 자체의 삶과 영혼을 간직하고 있는 인간사회의 최고 형태였다. 이처럼 민족의 단결을 강조했기에 만민 평등을 주장하는 자유주의나 민족보다 계급을 우선시하는 공산주의가 이들의 배척 대상에 포함된 것은 당연했다. 특히 독일의 경우, 게르만족 지상주의至上主義를 내세우며 특히 유대인을 민족 혈통의 순수성을 오염시키는 열등인종으로 단정하고 이들에 대한 탄압을 부추기고 정당화했다.

그러면 민족의 영광을 드러낼 주체는 누구일까? 바로 국가였다. 민족의 영광을 드높일 중앙집권적 국가건설을 강조하고, 전 분야에 걸쳐서 강력한 국가통제를 추구했다. 국가의 효율적 운용을 위해 일당一黨 통치와 궁극적으로는 무솔리니와 히틀러 같은 '민족적 영웅(?)'에 의한 일인 지배와 우상화를 당연시했다. 또한 비밀경찰 운영, 언론 통제, 그리고 군대의 장악 등을 통치의 필요조건으로 보았다. 무솔리니에 의하면, "국가를 초월하는 것은 아무 것도 없고, 국가 외에 존재하는 것은 아무 것도 없으며, 국가에 대항하는 것은 아무 것도 없었다."

끝으로 파시즘은 서구의 전통인 합리주의에 반反하여 '힘'과 '행동'을 강조하는 반反지성주의를 내세웠다. 파시즘 성장 과정에서 나타난 수많은 대중 집회나 시위는 바로 이러한 행동주의의 표출이었다. 평화와 사랑의 나약성을 비판하면서 '투쟁'과 '폭력'을 예찬했다. 실제로 무솔리니와 히틀러는 정치권력을 장악하는 과정에서 '갈색셔츠단'이나 '돌격대'와 같은 준準군사단체를 조직하여 거침없이 폭력을 휘둘렀다. 대내적으로 습성화된 폭력이 대외적인 '침략전쟁'으로 이어지는 것은 단지 시간문제였다. 심지어 파시스트들은 "전쟁만이 인간을 찬양받게 하고 고상하게 만들어주며 게으르고 타락한 인민들을 재생시켜줄 수 있다"고 강변했다.

이러한 속성을 지닌 특히 히틀러의 나치즘 정권은 어떻게 운용됐을까? 무엇보다도 철저한 국가통제 정책을 취했다. 이 과정에서 반대세력은 게슈타포와 같은 비밀경찰에 의해 무자비하게 제거됐다. 이와 동시에 철저한 언론 및 사상 통제를 통해 일반국민들에게 진실을 왜곡하고 독재자에 대한 절대충성을 주입했다. 경제적으로는 계획경제 하에서 식량의 자급자족을 꾀하고 군수공업을 적극 육성했다. 장차 벌어질 전쟁에 대비하려는 의도가 숨어 있었다. 더불어 국민들의 환심을 얻기 위해 고속도로 건설, 공공주택 건설, 산림녹화사업 시행 등 실업자 구제책을 적극적으로 추진했고 나름 성과도 거두었다.

이러한 나치 정책의 이념적 추동력은 유대인 탄압과 학살로 대변되는 인종주의Racism였다. 나치는 다윈이 『종의 기원』(1859)에서 제시한 적자생존의 원리를 악용하여 게르만족의 종족적 우월

나치식 경례 '하일 히틀러'

성을 내세우며 독일민족(아리안족)이야말로 진정한 '지배민족Master Race'이라는 선민選民사상을 부추겼다. 그리하여 대내적으로는 게르만족의 '피의 순수성'을 보존한다는 미명하에 반유대주의Anti-semitism를 내세워 뉘른베르크 법을 제정(1935)—유대인 시민권 박탈 및 공직취임 금지, 독일인과 유대인간 결혼 금지 등—유대인에 대한 탄압을 명문화했다. 종국에는 단순한 수용소 격리를 넘어서 말살정책Holocaust을 추진, 약 600만 명에 달하는 유대인들을 학살하는 반인륜적 범죄를 저질렀다. 스필버그 감독이 제작한 「쉰들러 리스트」나 「피아니스트」와 같은 영화를 통해 당시의 참상을 엿볼 수 있다.

인종주의는 대외적으로는 파시즘의 침략정책으로 이어졌다. 우월한 민족인 게르만족이 장차 생존하고 번성하기 위해서는 이른바 '생활공간Lebensraum'이 필요하다는 논리였다. 히틀러가 『나의 투쟁』에서 제시한 독일민족의 생활권은 주로 동유럽 지역—

폴란드·우크라이나의 곡창지대, 우랄의 자원지대, 코카샤스의 석유지대 등—이었다. 이를 손아귀에 넣기 위해서 향후 무력충돌은 불가피했다. 히틀러가 소련과 맺는 불가침조약(1939. 8. 23)을 헌신짝처럼 버리고 1941년 6월 소련 침공을 단행한 이면에는 이러한 침략의 이념적 기제機制가 놓여 있었다.

이러한 파시즘의 속성과 각종 정책의 이면에는 전쟁에의 의지가 담겨 있었다. 아니나 다를까. 1930년대 중반까지 국내에서 정권을 장악하고 탄압을 통해 이를 공고화한 파시스트들은 곧 그 눈을 외부로 돌렸다. 의회제도가 미성숙한데다가 산업화의 지연으로 중산층 형성이 미약했던 탓에 독일이나 이탈리아 사회가 이들의 발호를 견제하기엔 역부족이었다. 바야흐로 파시스트 정권의 호전성이 노골적으로 과시되기 시작하면서 인류는 제2차 세계대전이라는 파국의 길로 빠져들었다.

우리는 파시즘의 해악害惡을 통해 '열린' 민족주의의 필요성과 니콜 키드먼 주연의 「디 아더스The Others」란 영화가 암시하듯 타자에 대한 인정과 포용의 소중함을 되새겨야 한다. 동시에 "어떤 인종도 아름다움과 지식, 그리고 권력을 독점할 수 없다"는 한 사상가의 외침에 겸허하게 귀를 기울여야만 할 것이다.

11. 제2차 세계대전(상): 전쟁의 원인

1939년 9월 1일 새벽 4시, 독일군은 국경에 드리워진 차단막을 제거한 후 물밀 듯이 폴란드로 쳐들어갔다. 급기야 제2차 세계대전이 발발한 것이다. 그토록 처절했던 제1차 세계대전의 상처가 채 아물기도 전에 왜 유럽 열강들은 재차 전쟁을 벌였을까? 제1차 대전이 끝난 후 전쟁의 후유증에 시달린 유럽 각국은 평화의 소중함을 자각하고 이의 재건과 유지를 위해 노력했다. 하지만 이러한 열망도 잠시 뿐 1929년 세계대공황의 여파로 경제가 어려워지면서 파시즘이 힘을 얻게 됐다. 드디어 1930년대 중반에 이르러 파시스트들의 침략 본성이 노골적으로 표출되기 시작했다. 서구 전승국들의 분열적인 모습과 유화적인 대응으로 더욱 기고만장해진 이들의 모험으로 인해 세계는 재차 전쟁의 수렁으로 빠져 들었다.

누가 뭐래도 제2차 세계대전은 파시스트 국가들의 침략정책으로 발단됐다. 즉, 생활권 확보를 향한 파시즘의 침략적 본성이 전쟁 발발의 근본 원인이었다. 1930년대에 접어들어 맨 먼저 세계평화를 위협하면서 군국주의의 마수魔手를 드러낸 국가는 일본이었다. 1931년 일본은 만주사변을 일으켜서 중국의 영토를 불법적으로 점령했다. 국제연맹이 이를 '침략'으로 규정하고 군대의 철수를 요청하자 일본은 보란 듯이 국제연맹을 탈퇴(1933)해 버렸다. 이러한 일본의 침략 행동과 이에 대한 국제연맹의 무기력한 대응은 다른 독재자들의 야욕을 자극하기에 충분했다.

무엇보다도 유럽에서 나치가 행동을 개시했다. 수상 취임 직후 히틀러는 독일의 군비증강을 막고 있던 국제연맹을 탈퇴(1933)하고 독일군 재건에 착수했다. 서구 민주진영을 상대로 도박을 벌일 준비가 무르익었다고 판단한 히틀러는 로카르노 조약(1925)에 의해 비무장지대화된 라인란트로 독일군을 진주(1936)시켰다. 이의 성공에 고무된 히틀러는 보다 노골적으로 베르사유 조약을 파기하기 시작했다. 같은 게르만족 국가인 오스트리아를 합병(1938. 3)한데 이어 이듬 해 봄에는 체코마저 손아귀에 넣었다. 이탈리아의 무솔리니도 마냥 지켜만 보고 있지 않았다. 국제연맹의 약체성을 간파한 그는 제국주의 시절의 패배 치욕을 씻고 로마제국의 영광을 되찾겠다는 의도 하에 에티오피아를 침공(1935) 했다. 이어서 국제연맹의 경제제재에 반발해 아예 연맹을 탈퇴했다.

각개 약진하던 파시스트 국가들은 스페인 내전(1936~1939)을 계기로 서로 결속했다. 내전 중 스페인의 파시스트 정권을 공동 지원하면서 가까워진 독일과 이탈리아가 동맹을 체결(로마-베를린 추축, 1936)했던 것이다. 이듬 해 일본까지 가세하면서 이른바 방공협정Anti-Comintern Pact(1937)이 탄생했다. 대표적 파시스트 국가들이 서로 결속한 것이었다. 이들이 손잡은 이유는 단 하나, 지속적으로 침략정책을 추구하기 위함이었다.

이들의 침략정책에 대해 자유민주주의 진영은 어떻게 대응했을까? 왜 전승국들은 이러한 독재자들의 침략행동을 효과적으로 견제하지 못했을까? 한마디로 전후에 서구의 열강들은 '각자도생各自圖生의 길'을 추구했고, 그러다보니 파시스트들의 침략에 대해 묵인 및 양보하는 방향으로 나아갔던 것이다. 다시 말해, 서구 열강들 상호간에는 고립주의정책Isolation Policy을 견지한 채 파시스트 국가들의 침략정책에 대해서는 유화정책Appeasement Policy을 취했다.

제1차 대전 종전 후 전승 열강들은 자국의 당면 문제 해결에 골몰하여 국제문제에는 무관심했다. 예컨대, 영국은 1924년 프랑스가 요청한 '제네바의정서'에 서명하길 거부하고 영연방과 식민지 중심의 경제블록을 구축하는데 열중했다. 미국 역시 종전 후 '유럽으로부터의 이탈' 쪽으로 선회하여 국제연맹 가입을 거부하고 관세 장벽을 높였다. 1930년대 중반에는 심지어 중립법마저 제정(1937)했다. 이러한 고립주의적 분위기에서 독일과 국경을 맞대고 있던 프랑스만 노심초사했다. 서구 열강들 중심의 집단안보체제 결성에 실패한 프랑스는 차선책으로 체코·루마니아를 비롯한 동유럽 국가들과 이른바 '소협상Little Entente' 체제를 구축, 독일을 견제코자 했다.

이처럼 열강 상호간에 협력체제가 없다보니 파시스트들의 침략정책에 적극 대응하기보다는 이들의 요구를 묵인하는 방향으로 나아갔다. 물론 이러한 유화정책에는 유럽의 평화를 유지하려는 염원이 깔려 있었으나 기대와는 달리 독재자들의 침략 야욕을 더욱 조장하는 결과만을 초래했다. 이러한 유화정책의 대표적인 사례로 뮌헨협정Munich Agreement(1938. 9)을 꼽을 수 있다. 1938년 봄 오스트리아 합병을 완료한 히틀러는 보다 대담해져서 7월에는 독일인 거주지역임을 빌미 삼아 주데텐Sudeten 지방을 내놓으라고 체코를 압박했다. 애써 지켜온 유럽의 평화가 깨질지도 모른다는 우려에 체임벌린(영국 수상)과 달라디에(프랑스 수상)는 히틀러의 암묵적 동의하에 무솔리니가 중재한 뮌헨회담(1938. 8)에 참석했다.

이들 4거두가 회동해 논의한 결과가 바로 뮌헨협정이었다. 히틀러의 요구대로 체코의 주데텐 지방에 대한 독일의 병합이 인정됐다. 이때 히틀러는 체코의 기타 영토에 대해서는 더 이상 요구하지 않겠다고 장담했으나 이는 곧 거짓임이 드러났다. 결국 이 회담은 파시스트들의 침략 야욕을 고무하고 서방과 소련 간에 불신의 골을 깊게 만들었다. 역사적으로 동유럽 지역에 이해관계가 깊은 소련을 제외시킴으로써 스탈린은 회담의 진정한 저의底意를 의혹의 눈초리로 바라보게 됐다.

아니나 다를까, 이러한 우려는 곧 전혀 예상치 못한 현실로 나타났다. 1939년 봄에 체코의 나머지 영토마저 병합한 히틀러가 이번에는 폴란드의 회랑지대와 단치히 시를 요구했다. 이제 히틀러의 진정한 속셈을 깨달은 영국과 프랑스가 강경 대응으로 돌아섰다. 양 진영 간에 위기가 감도는 가운데 서방진영을 경악케 한 '독소불가침조약' 체결(1939. 8. 23) 소식이 전해졌다. 이념적으로 불구대천의 원수 관계였던 나치즘과 볼셰비즘이 서로의 현실적 필요에 의해 손을 잡은 것이다. 이제 양 전선에서의 동시 접전이라는 전통적인 '방위 트라우마'를 해결한 히틀러가 폴란드 땅을 짓밟는 것은 시간문제였다. 그리고 마침내 1939년 9월 1일 기어코 그 날이 오고야 말았다.

독소불가침조약 풍자화

12. 제2차 세계대전(중): 전쟁의 과정

1939년 9월 1일 새벽에 단행된 독일군의 폴란드 침공으로 제2차 세계대전이 시작됐다. 이로부터 약 4년 10개월간 지속된 전쟁은 독일을 위시한 추축국이 승세를 잡은 전반기(1939. 9~1942. 6)와 미국을 중심한 연합국이 전세를 역전시키고 최종 승리한 후반기(1942. 6~1945. 8)로 대별할 수 있다. 전쟁은 양 진영의 인적 및 물적 자원이 총동원된 총력전으로 전개됐다. 더구나 이전 전쟁과는 달리 지구 전체가 전장화되는 진정한 의미의 세계대전이었다. 제1차 대전 이후 보다 발달된 무기체계가 동원된 탓에 전쟁의 피해는 더욱 컸다. 특히 종전 직전에는 역사상 최고의 가공할 무기인 원자폭탄이 사용되면서 인류 전체에게 경종을 울렸다.

폴란드 국경을 넘은 독일군은 거침없는 속도로 진격했다. 폴란드 군이 애국적인 저항을 펼쳤으나 정신력만으로는 무기체계상의 열세를 극복할 수 없었다. 설상가상으로 폴란드 군은 동부전선에서 밀어닥친 소련 적군赤軍의 공격마저 막아 내야만 했다. 하지만 독일군의 진정한 승인勝因은 우월한 무기체계와 이에 기초한 창의적인 전투방식, 즉 '전격전Blitzkrieg'에 있었다. 이는 말 그대로 번개가 치는 것처럼 빠른 전투 전개를 의미했다.

어떻게 이러한 전투방식이 가능했을까? 독일군은 기계화된 지상군과 공군의 긴밀한 협력에 기초한 공격전술을 구사했다. 전투가 시작되면 공군 급강하 폭격기가 적 진영을 폭격해 장애물을 제거하고 이어서 대규모 전차부대가 쇄도하여 적군을 유린했다. 보병과 보급부대마저 기계화하여 진격 속도를 한층 높였다. 한마디로 '기동 중심'의 전투방식이었다. 이러한 전격전을 앞세워서 독일군은 불과 한 달 만에 폴란드의 서쪽 절반을 차지할 수 있었다.

폴란드를 굴복시킨 독일군은 이후 서유럽 쪽 전선에서 역사가들이 '가짜 전쟁phony war'이라 부르는 기이한 침묵 상태에 들어갔다. 기존 방식대로라면 폴란드를 점령한 독일군은 병력을 신속하게 서쪽으로 이동시켜서 프랑스를 공격했어야만 했다. 그런데 이상하게도 전혀 미동을 하지 않았다. 서방국가들로 하여금 자신이 원한 영토를 모두 차지한 히틀러가 이제는 정말로 평화 모드로 돌아선 것이 아닌가하는 착각마저 불러일으켰다. 하지만 이는 고도의 술수였다.

폴란드 점령 후 약 6개월 동안 재정비를 마친 독일군이 마침내 덴마크와 노르웨이에 대한 공격(1940. 4)을 시발로 서부전선에서 본격적인 공세작전을 펼쳤다. 제1차 대전 종전 후 국경선에 구축한 마지노선에 기대고 있던 프랑스군의 예상과는 달리 독일군은 특유의 기동전으로 개전 초반부터 프랑스군과 영국군 파병부대를 궁지로 몰아넣었다. 구데리안이나 롬멜 등 독일군 명장들이 지휘한 기갑사단의 진격에 쫓긴 약 33만 명의 연합군 병력이 도버해협에 연한 덩케르크로 내몰리는 신세가 되고 말았다. 이른바 '덩케르크 철수' 이후 더 이상 버틸 여력이 없던 프랑스가 항복(1940. 6. 22) 했다.

파리에 게양된 나치 깃발

이제 서부전선에서 유일하게 남은 국가는 영국뿐이었다. 항전 의지를 상실한 영국이 곧 평화협상에 응할 것이라는 독일의 예상은 보기 좋게 빗나갔다. 1930년대 이래 영국의 대표적 대독 강경론자였던 처칠Winston Churchill이 체임벌린 후임으로 영국 총리(1940. 5. 10)가 됐다. 취임 직후 행한 의회 연설에서 처칠은 현 상황에서 자신이 영국 국민들에게 바랄 수 있는 것은 오직 "피와 땀과 눈물"이라고 천명하면서 결기決氣를 다졌다. 영국의 진의를 파악한 히틀러는 공군장관 괴링의 호언장담을 믿고 공군력으로 영국을 굴복시키고자 했다. 이로써 약 3개월(1940.

7~10)간 독일 지상군의 영국 본토 상륙을 저지하기 위해서 영국 공군과 독일공군 간에 필사적인 제공권 다툼인 '영국전투Battle of Britain'가 벌어졌다. 결과는 애국심으로 굳게 뭉치고 레이더라는 비밀장비의 도움을 받은 영국공군의 승리였다.

비록 영국 침공에는 실패했으나 서부유럽을 석권한 히틀러는 이제 게르만족의 생활공간 확보라는 오랜 꿈을 실현하는 과업에 착수했다. 눈을 다시 동쪽으로 돌린 히틀러는 1941년 6월, '바르바로사 작전'으로 불리는 소련침공계획을 실천으로 옮겼다. 동부전선 전역에서 엄청난 규모의 독일군이 독소불가침 조약을 깨고 빠른 속도로 소련 영토 깊숙이 진격했다. 공격 초기에 독일군은 소련군에 대승을 거두면서 곡창지대인 우크라이나를 차지했다. 승승장구하던 독일군의 발목을 잡은 것은 다름 아닌 '동장군', 즉 러시아의 혹한酷寒이었다. 계속되는 승리에 도취한 독일군은 혹한기 대비에 소홀했다. 레닌그라드는 수개월째 독일군에 포위되어 있었고 모스크바 외곽까지 독일군이 진격했다.

그러나 승패는 위의 두 곳이 아니라 남부 전선의 스탈린그라드에서 결정됐다. 약 6개월(1942. 8~1943. 2)간 지속된 처절한 시가전에서 마침내 소련군은 승리했다. 이는 같은 해 여름 태평양에서 벌어진 미드웨이 해전(1942. 6)에서 미군이 거둔 승리와 더불어 전쟁 국면을 전환시키는 계기가 됐다. 원래 미국은 유럽에서 전쟁이 발발하자 제1차 대전 때처럼 중립을 선언했다. 이후 직접 개입은 피한 채 무기대여법Lend-Lease Act(1941. 3)을 제정해 연합국 측에 무기·식량·원료 등을 공급했다. 이러한 미국이 일본군의 진주만 기습공격(1941. 12. 7)을 계기로 직접 참전했다. F. 루즈벨트 대통령은 "진주만을 기억하라!"고 외치면서 태평양과 유럽 양 전선 모두에 미군을 투입했다.

베를린 시청사 위 소련군

동부전선에서 소련군의 선전善戰에 힘입어서 서부전선에서도 연합군의 반격이 본격화됐다. 북아프리카에서 서막을 연 연합군의 반격작전은 마침내 엄청난 규모의 노르망디 상륙작전(1944. 6)으로 이어졌다. 양 전선에서 압박을 받은 독일군의 전력은 빠르게 와해되어 갔다. 마침내 이탈리아(1944. 6)에 이어서 나치 독일마저 무조건 항복(1945. 5)함으로써 유럽에서 전쟁은 연합군의 승리로 끝났다. '전원 옥쇄'를 외치며 자살특공대까지 동원해 저항하던 일본도 만주에서 소련군이 쇄도하고 히로시마와 나가사키에 원자폭탄이 떨어지자 무조건 항복(1945. 8)하고 말았다.

그렇다면 이제 세계는 평온해진 것일까? 그렇지 않다. 불길한 예감은 이미 전쟁 후반기부터 감지되기 시작했다. 연합국의 승리가 가시화되면서 전후 세계구도를 둘러싸고 미국과 소련 간에 갈등이 심화됐다. 이른바 '냉전'이 도래한 것이다.

시민들에게 인사하는 조지6세 국왕 일가

13. 제2차 세계대전(하): 전후처리와 그 영향

1945년 중반에 독일(5월)과 일본(8월)이 무조건 항복함으로써 제2차 세계대전이 끝났다. 포성이 멈추었으니 당연히 전후처리 문제가 다가왔다. 전후처리에서 결정할 선결 과제는 누가 전쟁을 촉발한 가해자인가였다. 그래야만 책임문제를 해결할 수 있었기 때문이다. 주지하다시피 제1차 세계대전은 바로 이러한 절차에 따라 전후처리가 이뤄졌다. 그런데 문제는 그 결과 등장한 '베르사유체제'가 파시즘의 발흥과 제2차 대전 발발의 단초가 됐다는 점이다. 이러한 역사적 실패를 교훈삼아서 제2차 대전에서는 다

독일의 무조건 항복

른 접근이 시도됐다. 단적으로 이전 대전시처럼 별도의 강화회의를 개최하지 않았다. 그 대신 전후처리의 핵심 내용들은 전쟁 중 연합국 지도자들 간에 실시된 몇 차례의 국제회담들 - 대서양 회담, 카이로 및 테헤란회담, 얄타회담, 포츠담회담 - 에서 합의된 사항들로 채웠다.

전시 중 개최되어 전후 세계의 청사진을 그린 일련의 회담들에 대해 살펴보자. 실효성 있는 결정은 없었으나 전후 평화재건의 방향을 제시한 의미를 지닌 것으로 '대서양헌장Atlantic Charter'을 꼽을 수 있다. 이는 유럽에서 영국만 외롭게 나치의 독일군에 대적하고 있던 1941년 8월에 세계를 향해 선언됐다. 전황이 암울하던 시기에 영국의 W. 처칠 총리와 미국의 F. 루즈벨트 대통령이 대서양 뉴펀들랜드 부근의 함정에서 회동한 것이 계기가 됐다. 해상의 자유, 피정복민의 권리옹호, 영구적 안전보장제도 확립 등의 내용을 담고 있는 헌장은 제1차 대전시 윌슨 대통령이 제창한 '14개 조항'과 비슷한 성격을 갖고 있었다. 또한 현실적으로는 고군분투하고 있던 영국에게 미국이 무언無言의 지지를 보내준 징표였다.

'대서양헌장'이 다소 이상적이고 구체성이 결여된 성격의 문서라면, 보다 현실성 있는 결정사항들은 전쟁 중반 이후로 개최된 회담들에서 나왔다. 1943년 중순에 이르면 연합국의 승리가 충분히 예견됐기에 연합국 지도자들은 회담을 통해 중요한 문제들을 구체적으로 논의 및 합의할 수 있었다. 이러한 현실적 평화 논의는 카이로 회담에서부터 본격화됐다. 1943년 11월 말~12월 초에 루즈벨트, 처칠, 그리고 장개석(중국 국민정부 주석)이 이집트의 카이로에서 회동, 전후 일본의 영토문제에 대해 논의했다. '적당한 시기에 한국을 독립시킨다'는 내용이 포함된 '카이로선언'은 당시 임시정부 요인들을 비롯한 독립지사들의 깊은 관심을 끌었다. 같은 시기에 루즈벨트와 처칠은 장소를 이란의 테헤란으로 옮겨서 스탈린을 만났다. 여기에서는 유럽에서 조속히 제2전선을 형성, 자국에 대한 독일군의 압박을 분산시켜달라는 스탈린의 요구가 수용되어 노르망디 상륙작전이 추진될 수 있는 단초가 마련됐다.

누가 뭐래도 전시 중 실시된 제반 회담들 중 백미는 얄타회담 Yalta Conference이었다. 여기에서 합의된 사항들이 전후처리 및 국제정세 형성에 중요한 영향을 미쳤기 때문이다. 연합국의 승리가 거의 확실시 되던 1945년 2월 초반, 전쟁 수행의 견인차 역할을 하고 있던 3개국 정상들(루즈벨트, 처칠, 스탈린)이 소련의 크림반도 끝자락에 있는 얄타에 모였다. 바로 여기에서 전후처리와 관련된 굵직한 사안들이 결정됐다. 우선, 적대세력의 맹주였던 독일을 어떻게 처리할 것인가의 문제였다. 열띤 논의 끝에 전후 독일군을 무장해제 시킨 뒤 독일 영토를 4개 지구로 나누고, 연합국 4개국(미국, 영국, 소련, 프랑스)의 분할 점령 하에 군정軍政을 실시키로 결정했다.

다음은 폴란드 정부 수립과 관련된 동유럽 문제였다. 1939년 9월, 불과 한 달 만에 독일군에게 나라를 빼앗긴 폴란드의 주요 인사들은 영국 런던으로 피신한 후 그곳에서 임시 망명정부를 구성했다. 그런데 문제는 대전 발발 시 폴란드의 동쪽 절반을 점령한 소련 적군이 폴란드 동부도시 루블린에 공산당 괴뢰정부를 수립하고 후원해 왔다는 점이다. 그러다보니 전후에 어느 쪽을 폴란드의 대표정부로 볼 것인가 하는 것이 문제였다. 논의 끝에 "향후 자유선거에 의해 정부형태를 결정 한다"는 기본원칙만 정하는 선에서 마무리했다.

이어서 집단안전보장책의 일환으로 국제연합United Nations을 창설키로 합의했다. 이때 당시 모든 강대국들이 참여하는 안전보장이사회를 핵심 기구로 만들었다. 제1차 대전의 결과로 탄생했던 국제연맹의 실패를 교훈 삼아서 강대국들을 모두 포괄하는 원칙을 적용했다. 이에 더해 세계평화를 교란하는 국가에 대해서는 직접 군대를 보내어 응징토록 규정했다.

마지막으로, 동아시아에서 소련의 대일전 참전 여부가 결정됐다. 독일 패전 3개월 이내에 소련은 동아시아에서 일본과의 전쟁에 돌입한다는 내용이었다. 남태평양 상의 섬들을 탈환하는 과정에서 일본군의 강한 저항으로 고전하고 있던 미군으로서는 하루라도 빨리 일본의 항복을 받아내는 것이 급선무였다. 더구나 당시 일본은 항복은커녕 '본토 사수死守'를 외치면서 엄청난 인명 살상을 초래할 결전에 대비하고 있었다. 이러한 상황에서 미국에게 소련의 대일전 참전이야말로 종전을 앞당길 수 있는 매력적인 대안이었다. 이것이 바로 얄타에서 처칠의 견제에도 불구하고 노령의 루즈벨트가 스탈린에게 끈질기게 매달린 이유였다.

그러나 이는 전후 소련에게 큰 이득을 안겨주는 결과를 가져왔다. 물론 만주에서 소련군의 파죽지세가 일본의 조기 항복에 영향을 미친 것은 분명하지만, 루즈벨트의 유화적 태도가 투영된 '얄타협정'으로 인해 소련에 의한 동유럽의 위성국화 및 한반도 분단이 초래된 점도 부인하기 어렵다. 이후 같은 해 7월 독일의 포츠담에서 3개국 지도자들(트루만, 애틀리, 스탈린)이 재차 회동했으나 얄타에서의 결정을 재확인하는 선에서 머물렀다.

전체적으로 볼 때, 제2차 대전의 전후처리는 세 강대국(미국, 영국, 소련)을 중심으로 이루어졌고, 결과적으로 소련의 역할과 세력 확대가 두드러졌다. 이러한 우려는 전후에 곧 현실로 나타났다. 소련의 영향력이 커지면서 파시즘 대신 볼셰비즘이 새로운 평화의 위협세력으로 대두한 것이다. 이에 뒤질세라 자유민주주의 국가들도 미국을 중심으로 결속했다. 결과적으로 전쟁 중 고조됐던 평화에 대한 염원과는 달리 세계는 다시 미국을 중심으로 한 자유진영과 소련을 중심으로 한 공산진영으로 나뉘어 대립하게 됐다. 이른바 '냉전冷戰'의 시대, 그리고 '탈식민화'의 시대가 개막된 것이다.

얄타회담시 처칠, 루즈벨트, 스탈린

AMERICA

Anno Domini 1492. a Christophoro Colombo nomine Regis Castellae primum detecta, et ab Americo Vespucio nomen sortita 1499

Circulus Arcticus

AMERICA SEPTENTRIONALIS

NOVA FRANCIA

Tatuna gay

Avanare

Albardos

Anneal

Castenas

Nevada

MAR DEL NORT

Tropicus Cancri

MAR DEL ZUR

Circulus Æquinoctialis

Insulae Salomonis

Tropicus Capricorni

AMERICA MERIDIONALIS

CHILIS

MARE PACIFICUM

Fretum Magellanicum

Terra del Fuego

Excudebat Gulielmus Blaeuw Amsterodami sub signo Solarii deaurati

MA

GALL

Circulus Antarcticus

TERRA AUSTRALIS

세계대전 후의 세계

1. 전후 미소美蘇 대립구도 형성

제2차 세계대전은 독일과 이탈리아로 대표되는 파시스트 진영의 완패完敗로 끝났다. 이제 세계인들은 동맹세력이 건재하던 제1차 대전 이후와는 달리 제2차 대전의 종전과 더불어 자유와 평화가 깃든 희망찬 세계가 도래하리라 믿었다. 하지만 이러한 낙관적 기대는 헛된 꿈에 불과했음이 곧 드러났다. 전시에 연합국의 일원이던 공산 소련이 종전과 더불어 숨겨온 침략 본성을 노골화했기 때문이다. 종전 직후 크게 세勢를 확장한 소련이 세계평화에 대한 새로운 위협세력으로 대두했다. 그리하여 세계는 곧 미국을 중심으로 한 자유세계와 소련을 중심으로 한 공산세계 간의 대립, 즉 냉전冷戰, Cold War이라는 국제적 긴장관계 속으로 휘말려들었다. 이때부터 1989년 11월 베를린 장벽 붕괴 및 1991년 12월

미소의 대립 풍자화

소련의 해체로 인해 냉전체제가 붕괴될 때까지 약 반세기 동안 '냉전'이란 용어는 우리 시대의 가장 중요한 화두가 됐다.

1950년대 이래 냉전의 기원을 놓고 연구자들 간에 열띤 논쟁이 있어왔다. 엄밀한 의미에서 냉전의 뿌리가 되는 소련 외교정책의 근간은 이미 1917년 10월 직후 설정됐다고 볼 수 있다. 볼셰비키 혁명에 성공한 후 혁명지도자 레닌은 "세계는 사회주의 진영과 자본주의 또는 제국주의 진영으로 양분되어 있고, 두 진영 간의 충돌은 불가피하다"고 천명한 바 있다. 제2차 대전 동안 공동의 적에 대항하느라 잠복해 있던 자본주의 체제와 공산주의 체제 간의 대립적 성격이 레닌의 예견처럼 전후 소련 영향력의 급속한 확대와 더불어 표면화됐다. 특히 얄타회담에서 합의한 자유선거에 의한 정부수립의 원칙을 무시한 채 소련이 동유럽 점령

지역에서 공산주의 반대세력들을 배제하자 갈등의 골은 더욱 깊어졌다. 더욱이 병사病死한 루즈벨트를 승계해 대통령이 된 트루먼은 미국의 대소정책을 강경한 방향으로 몰고 갔다.

미국과 소련 간의 이념적 대립을 실제적 상황으로 변화시킨 계기는 바로 그리스 내전이었다. 1946년 가을 그리스에서 공산주의 게릴라들에 의한 무장봉기가 일어났다. 주변 공산국가들의 전폭적 지원으로 그리스 공산주의자들의 세력이 커졌던 것이다. 설상가상으로 전통적으로 그리스 반도에 영향력을 행사해 오던 영국마저 1947년 초반 이래 신생 그리스 정부에 대한 지원을 포기했다. 이대로 갈 경우, 제정 러시아 시대 이래로 소련의 오랜 꿈인 지중해로의 진출이 순조롭게 달성될 수 있었다. 하지만 소련의 숙원은 좌절됐다. 전후 영국을 대신하여 민주진영의 '큰 형님'으로 등장한 미국이 본격적으로 개입했기 때문이다.

1947년 3월 발표된 '트루먼 독트린'을 통해 미국은 향후 국제관계에서 자국의 행동지침을 제시했다. 여기에서 "무장한 소수세력이나 외세에 의한 예속 위협에 저항하고 있는 자유민에 대해서는 미국이 지원할 것"임을 천명했다. 이에 따라 미국은 그리스와 터키에 군사고문단을 파견하고 곧 이어 막대한 군사원조를 제공했다. 이에 힘입어 그리스 정부는 1949년 경 공산 게릴라들의 저항을 잠재우는데 성공했다. 이러한 미국의 행동은 전후 대對소련 외교정책의 기조로 설정한 '봉쇄정책Containment Policy'에 기초하고 있었다. 이의 입안자였던 케난George F. Kennan은 *Foreign Affairs*에 익명으로 기고한 글에서 "소련의 팽창을 막으려면 그 세력에 대해 참을성 있고 단호하며 방심하지 않는 장기간에 걸친 봉쇄가 필요하다"고 역설했다.

구체적으로 미국은 서유럽 국가들과의 결속을 강화하여 공산 소련의 팽창에 대응코자 했다. 우선, 유럽에 대한 경제부흥계획인 '마셜 플랜Marshall Plan'의 시행(1947. 6)을 꼽을 수 있다. 애초에 마셜 플랜은 미국 냉전 전략의 일환으로 입안된 것은 아니었다. 이는 처음에는 이념과는 무관하게 유럽의 모든 나라에 대한 경제 원조 제의로 시작됐다. 하지만 소련의 지령을 받은 동유럽 국가들은 미국의 원조 제안을 거부했다. 결과적으로 마셜 플랜은 순전히 서유럽 국가들에 한정된 사업으로 축소됐고, 자연스럽게 냉전의 중요한 수단으로 인식됐다. 아무튼 이 계획에 따라 미국은 1948~1952년까지 총 130억 달러라는 막대한 자본을 유럽 국가들에 투입했다. 그 덕분에 유럽경제는 1951년경에 전쟁 이전의 수준을 넘게 됐다. 당연히 유럽의 적화赤化도 막을 수 있었다.

이러한 경제적 원조와 함께 미국은 서유럽 국가들을 군사적으로 결속하는 조치도 취했다. 흔히 나토NATO라 불리는 '북대서양조약기구'를 창설(1949. 4), 소련의 위협에 대한 집단안전보장책을 마련했다. 나토 결성을 촉발시킨 직접적 계기는 1948년 6월에 일어난 '베를린 봉쇄Berlin Blockade' 사건이었다. 서방국가들이 자국의 독일 점령지역을 하나로 통합하려하자 소련이 서西베를린으로 통하는 모든 철도와 도로를 사전 예고도 없이 차단함으로써 발생했다. 소련의 봉쇄작전에 대해 자유진영이 생필품 공수작전으로 결연하게 맞섬에 따라 결국 소련은 1년 만(1949. 9)에 뒤로 물러서고 말았다. 이러한 군사적 대립 속에서 미국, 영국, 프랑스 등을 비롯한 12개 국가로 나토가 출범했던 것이다.

이러한 자유진영의 움직임에 소련도 발 빠르게 대응했다. 우선, 미국의 마셜 플랜에 대항할 목적으로 스탈린은 동유럽의 위성국가들을 주축으로 코민포름Cominform(공산당 정보국, 1947. 9)을 조직했다. 이는 1956년 해체될 때까지 동유럽 공산국가들의 이념과 경제정책을 지원 및 조정하고 프랑스와 이탈리아를 비롯한 서방 공산주의자들을 지원했다. 또한 베를린 봉쇄를 계기로 미국과 서유럽이 나토를 조직하자, 이에 대항하여 소련도 코메콘Comecon(상호경제원조회의, 1949)을 결성했다. 이후 이는 경제 분야의 협력을 넘어서 군사적 집단안보기구 성격의 바르샤바 조약기구WTO(1955)로 발전했다.

이러한 미소 양진영의 대립 양상은 1950년대에 접어들면서 고착화되는 모습을 보였다. 이에 결정적 역할을 한 것은 다름 아닌

1950년 발발한 6·25전쟁이었다. 이는 공산진영의 두 맹주인 스탈린과 모택동의 군사적 지원을 받은 북한 김일성이 무력으로 남한 적화를 시도한 것이었다. 이에 대해 유엔은 즉각 불법 침략으로 단정하고 규정에 따라 미국을 비롯한 16개국 군대로 구성된 유엔군을 파병했다. 이후 한반도에서 자유진영과 공산진영 간에 치열한 '열전熱戰, Hot War'이 벌어지면서 양 진영 간의 대결구도는 더욱 공고해 졌다.

2. 대립, 타협, 그리고 붕괴

1950년 6·25전쟁을 계기로 미소 양 진영 간의 대립과 갈등은 최고조에 이르렀다. 더구나 제2차 대전 이후 아시아·아프리카에서 우후죽순으로 등장한 신생독립국가들의 존재는 세계정세를 더욱 복잡하게 만들었다. 한편으로 다행스러운 점은 이러한 상황 속에서도 세계의 열강들은 간혹 국지전은 벌일지언정 전면전은 피해야만 한다는 암묵적 동의에 이르게 됐다. 아이러니하게도 핵무기 확산으로 핵전쟁이 초래할 지구 공멸의 가공할 미래상에 공감했기 때문이다. 대립하되 평화공존을 모색한다는 냉전체제의 이중성은 이렇게 착근着根됐다.

실제로 1950년대 이래 냉전체제는 6·25전쟁, 베를린 장벽설치, 쿠바 미사일 사건, 베트남전쟁 등을 겪었으나 결국에는 국지적 충돌이나 타협으로 마무리됐다. 이후 1970년대의 데탕트 시기와 1980년대의 이른바 신新냉전 시기를 거치면서 힘의 균형추가 미국 쪽으로 크게 기울었다. 그 여파로 1980년대 말 소련과 동유럽 사회주의체제가 붕괴됐다. 연이어 제2차 대전 후 연합국들이 갈라놓았던 동서독이 통일되는 대사건(1990)이 벌어졌다. 마침내 반세기 만에 냉전체제가 종식된 것이다.

6·25전쟁으로 소원했던 미소 관계가 1950년대 중반에 이르러

점차 완화됐다. 여기에는 1953년 이래 일어난 일련의 사건들이 촉매제 역할을 했다. 우선, 미국에서 정권교체가 단행됐다. 1953년 대통령 선거에서 대소對蘇 온건론자인 공화당의 아이젠하워가 대통령에 당선되면서 매카시즘 돌풍으로 경직됐던 국내 정세가 유연해지기 시작했다. 이어진 6·25전쟁의 종결과 스탈린의 사망 및 흐루시초프의 등장은 변화의 흐름을 가속화했다.

열강들 간에 곧 구체적인 대화와 타협이 모색됐다. 1955년 여름 제네바에서 4개국(미·소·영·프) 정상회담이 개최되어 제2차 세계대전 이후 처음으로 자유·공산 두 진영의 주요 인물들이 대면했다. 어느 면에서 변화의 기류는 그동안 철의 장막에 가려져있던 소련에서 보다 강하게 일어났다. 그 결정적 도화선은 1956년 제21차 소비에트 연방 공산당 대회에서 행한 흐루시초프의 스탈린 비판 연설이었다. 이후 소련과 동구권에서는 스탈린 격하格下 운동이 거세게 일어났다. 이러한 흐루시초프의 평화 공존 행보는 1959년 그의 미국 방문으로 이어져 세계인들에게 자유롭고 평화로운 세계에 대한 희망을 갖게 했다.

하지만 1960년대에 접어들면서 기대와 현실 사이에는 여전히 넓은 간극이 있음을 새삼 깨닫게 됐다. 국제관계를 해빙기에서 다시 빙하기로 뒤돌린 계기는 베를린 장벽 설치(1961)였다. 동베를린 시민들의 자유를 향한 탈출 증가에 고심한 소련과 동독이

베를린 장벽 설치 모습

쿠바 미사일 사태 풍자화

이를 원천봉쇄할 의도로 동서 베를린을 중앙으로 가로질러 콘크리트 장벽을 구축한 것이었다. 이러한 와중에 1962년 10월 말 미국의 안마당에서 벌어진 쿠바 미사일 위기는 자칫하면 양 진영을 핵전쟁으로 몰고 갈 정도로 긴장상태를 고조시켰다. 일촉즉발의 상황에서 다행히 소련이 한 발 뒤로 물러나면서 충돌 사태는 피할 수 있었으나 베트남 전쟁으로 미소 양측의 경쟁은 지속됐다.

그러나 세월이 지나면 또 다시 봄은 오는 법. 1960년대 말에 접어들면서 일명 '데탕트'라 불리는 평화공존을 지향하는 긴장완화 정책이 적극 추진됐다. 약칭해서 NPT라 불리는 '핵무기 확산금지 조약'이 체결(1968)되어 핵무기가 더 이상 확산되는 것을 원천 봉쇄코자 했다. 핵무기로 인한 대량 살상의 공포로부터 벗어나려는 세계인 모두의 염원이 표출된 것이다. 마침내 1972년에 동서 데탕트의 이정표로 평가할 만한 일들이 일어났다. 그동안 출구 없는 군비경쟁에 열중해온 미국과 소련이 전략무기를 제한하는 협정SALT 1에 서명한 것이다. 무엇보다도 세계인의 관심을 집중시킨 것은 미국 대통령 닉슨의 북경 방문이었다. 1949년 건국 이후 한반도에서의 무력충돌 이래 접촉이 없던 양국이 본격적으로 교류하는 계기가 됐다. 미국은 거대한 인구를 가진 중국 시장에 진출하고 동시에 중국을 이용해 소련을 견제하는 일석이조의 성과를 얻었다.

이러한 국제관계 변화의 여파 때문인지 1980년대 초반부터 미국과 소련의 관계가 재차 대립 구도로 빠져들었다. 미소 관계의 악화에 결정적 빌미를 제공한 것은 1979년 기습적으로 단행된 소련군의 아프가니스탄 침공이었다. 역사적으로 세력균형상 열강 간에 민감한 접경지였던 아프가니스탄에 대한 소련군의 점령은 미국을 비롯한 자유진영에 강한 충격을 줬다. 때마침 미국에서는 인권외교를 외친 지미 카터 후임으로 반공주의를 내세운 공화당의 레이건이 제40대 대통령에 당선됐다. 그는 강한 미국에 기초한 이른바 신보수주의를 내세우며 공격적 외교정책을 추구했다. 무엇보다도 '스타워즈'라 불리는 대규모 군사력 증강(전략방위구상SDI)에 돌입, 경제적 곤경에 처해 있던 소련을 엄청난 군비경쟁의 장으로 몰아 세웠다. 이에 대해 소련은 민항기인 KAL 여객기를 공중에서 격추시키는 비인도적 행동으로 대응했다. 하지만 이는 공산국가 소련의 수명이 다하기 직전의 단발마적인 반응임이 곧 드러났다.

1980년대 중반 이래 공산주의 계획경제의 경직성과 이로 인한 비효율성을 해결하지 못한 채 소련은 대내외적으로 급격한 변화의 소용돌이 속으로 휘말려들었다. 1985년 소련의 새로운 지도자로 등장한 고르바초프는 그대로 있다간 소련 스스로 무너질지도 모른다는 절박감에서 적극적으로 개혁(페레스트로이카)과 개방

(글라스노스트) 정책을 추진했다. 일단 부분적으로 시장경제를 도입하고 해외의 자본투자를 유치하며, 언론과 비판의 자유를 허용한다는 것이 핵심 내용이었다. 이러한 통제 완화의 움직임은 빠르게 소련 위성국가들에게로 전파됐다. 동유럽 국가들 곳곳에서 시민들에 의한 민주화 시위가 봇물처럼 터져 나오기 시작했다. 이에 대한 고르바초프의 불간섭 선언은 작은 물줄기를 곧 변화의 도도한 강물로 만들어버렸다.

그토록 강고해 보인 공산체제가 붕괴되기 시작했다. 1989년 여름 이래 폴란드를 필두로 헝가리, 체코 등 동유럽 각국에서 민주혁명이 일어나서 공산정권들이 몰락했다. 이러한 국제정세의 지각변동을 대변이라도 하듯이 1989년 12월 초 미국의 부시 대통령과 소련의 고르바초프 서기장은 지중해 몰타에서 회동, 냉전체제의 종식을 선언했다. 이 시기에 일어난 제반 사건들 중 무엇보다도 냉전체제 붕괴를 상징하는 두 사건으로 독일통일(1990. 10)과 공산주의 종주국 소련의 해체(1991. 12)를 꼽을 수 있다. 제2차 대전 종전 이래 약 반 세기 동안 벌인 체제경쟁에서 일단 자본주의가 승리한 것이었다.

3. 식민제국의 해체와 제3세계의 대두

19세기 후반 서구 제국주의 열강들은 경쟁적으로 아시아와 아프리카 지역으로 진출하여 식민지를 차지했다. 그 결과 아프리카의 대부분 지역과 인도를 비롯한 동남아시아 지역들은 유럽 열강의 지배하에 놓이게 됐다. 이러한 상황은 제1차 대전을 겪고 난 이후에도 거의 변하지 않았다. 단지 패전국 독일의 해외식민지를 전승국인 영국과 프랑스가 나눠가졌을 뿐이다. 그 결과 제2차 세계대전이 발발할 시점(1939)에도 제국주의 국가들은 여전히 세계 육지면적의 28퍼센트와 세계 인구의 30퍼센트 가량을 차지하고 있었다.

그러나 제2차 대전 이후는 제1차 대전의 경우와 사뭇 달랐다. 그토록 막강해 보이던 식민제국들이 붕괴되기 시작한 것이었다. 1947년 인도 독립을 기점으로 아시아에서 불이 붙은 탈식민화는 곧 검은 대륙 아프리카로 비화飛火됐다. 이후 식민지 독립의 불꽃은 1975년 앙골라와 모잠비크가 포르투갈로부터 독립할 때까지 거의 한 세대 동안 아프리카 대륙을 달구었다. 이러한 민족해방의 물결 속에서 제2차 대전 후 무려 70개 이상의 신생 독립국가가 탄생했고, 약 6억 명의 인구가 식민지배의 질곡에서 벗어났다.

■ 제3세계 국가들

이때 탄생한 국가들은 미소 중심의 냉전체제 하에서 벗어나 또 다른 세력을 형성했다. 1950년대에 인도와 중국을 중심으로 결성된 이들 집단을 흔히 '제3세계'라 불렀다. 이들이 국제정치 무대에 등장하는 직접적 계기는 1955년 인도네시아의 반둥에서 개최된 회의였다. 주로 아시아와 아프리카에서 29개국이 참가한 이 모임에서는 서방과 소련의 신新식민주의를 비판하면서 양극체제 하에서 독자적인 제3세계의 중립을 선언했다. 하지만 반둥회의 후 인도와 중국 등 핵심 회원국들 간에 대립 국면이 전개되면서 이들의 세력화 시도는 무산됐다.

제2차 대전 이후 식민제국을 해체시킨 원동력은 어디에 있을까? 해체의 핵심 동인이 식민제국의 중심부인 유럽에 있는지 아니면 주변부인 식민지에 있는지에 따라 제3세계 대두를 바라보는 용어상에 차이가 있다. 전자의 경우, 식민제국의 해체를 '탈식민화Decolonization'라고 부른다. 식민지 획득 초기의 기대와는 달리 세월이 흐르면서 식민지가 식민 종주국에 이익보다는 부담으로 다가왔기에 종주국이 자발적으로 식민지로부터 철수한 것으로 보기 때문이다. 이에 비해 후자의 경우, 식민제국의 해체를 '민족해방National Liberation'으로 본다. 식민 종주국이 식민지 통치에 활용할 의도로 서구식 교육으로 양성한 토착민 엘리트들이 민족주의의 세례를 받고 식민지 독립운동으로 전환, 그 세력이 점차 강성해져서 종국에는 식민 종주국을 축출한 것으로 보기 때문이다.

각 지역별로 제국의 해체는 어떻게 전개됐을까? 결론부터 말하면, 탈식민화의 양상은 식민지 현지의 민족주의 운동의 성숙도와 식민 종주국의 대응 수위에 따라 다양한 스펙트럼으로 나타났다. 식민제국의 해체에서 가장 극적인 사건은 아마도 1947년 인도의 독립일 것이다. 인도는 최대 식민제국이던 영국의 상징적 식민지로서 광대한 영토와 엄청난 인구(4억)로 인해 영본국에 많은 유무형의 이점을 제공해 왔다. 제2차 대전 중(1942) 자치를 허용하는 조건으로 인도문제를 해결코자 했으나 완전독립을 요구하는 인도 민족주의자들의 거부로 인해 실패했다. 종전 후 식민지 문제에 전향적인 태도를 보인 노동당이 집권하면서 종교적 갈등으로 인해 인도와 파키스탄으로 분리시켜 독립을 허용(1947)하기에 이르렀다. 이어서 스리랑카가 독립하고, 종전 후 공산세력의 준동으로 한바탕 홍역을 치른 말레지아도 1959년 독립을 달성하고 영연방의 일원이 됐다.

영국의 유연한 대처 방식과는 달리 프랑스와 네덜란드는 동남아시아 식민지인들의 독립운동에 강경하게 대응했다. 그 결과 양국은 토착 민족주의자들과 치열한 무력투쟁을 벌여야만 했다. 4년간에 걸친 싸움 끝에 네덜란드는 인도네시아의 독립(1949)을 인정했다. 인도차이나 반도의 상황은 더욱 복잡했다. 종전 직후 군부의 반발로 베트남 식민지인들의 독립 요구를 묵살한 프랑스는 이후 약 7년 동안 호치민이 이끄는 공산주의 세력과 일진일퇴의 공방전을 벌여야만 했다. 1954년 디엔비엔푸에서 벌어진 최종 결전에서 중공의 전폭적 지원을 받은 호치민의 공산세력이 승리하면서 일단락 됐다. 참패에 충격을 받은 프랑스는 북위 17도선을 경계로 베트남을 분할 독립 시켰다.

식민지 해방에서 가장 복잡했던 지역은 아프리카였다. 거의 대부분 지역이 유럽 국가들의 식민지배 상태에 있었다는 점 이외에 아프리카의 낙후성과 미약한 민족주의 운동이 원활한 독립으로의 길에 걸림돌로 작용했다. 하지만 1950년대에 접어들면서 아프리카 대륙에서도 자각의 움직임이 일어났다. 1951년 이탈리아로부터 리비아의 독립이 변화의 신호탄이 됐다.

이후 아프리카 식민지의 해방은 크게 3단계로 전개됐다. 우선, 1950년대 말까지는 주로 북아프리카 지역이, 1960년대 초중반에는 서아프리카 지역이, 그리고 1960년대 중반 이후에는 동아프리카 지역이 식민지 상태에서 벗어났다. 대부분의 지역에서는 그런 대로 평화적으로 권력 이양이 이뤄졌으나 영국 식민지였던 케냐와 프랑스 식민지였던 알제리에서는 식민 종주의 군대와 토착 민족주의 세력 간에 길고도 지루한 혈전이 벌어졌다. 종국에는 독립을 쟁취했으나 그 후유증은 컸다.

종전 후 시간적 격차는 있으나 지구상 대부분 지역에서 식민지인들은 독립을 달성했다. 하지만 이들 신생국가의 주민 및 지도자들은 식민제국과의 무력투쟁과 독립 후 국가건설이라는 이상과 현실 간에는 큰 간극이 있음을 곧 깨닫게 됐다. 왜냐하면 특히 아프리카의 경우 토착민들에게는 강고한 부족적 유대만 있을 뿐 근대적 의미의 국민의식이나 국민국가의 개념이 없었고, 설상가상으로 국경선마저 토착 부족들 간의 구분선보다는 유럽인들의 통치 편의에 따라 그어졌기 때문이다.

독립 후 이러한 구조적 문제들이 한꺼번에 터져 나오면서 대부분의 국가들은 치열한 내전과 냉혹한 독재자의 출현이라는 홍역을 치러야만 했다. 또한 그렇다고 과거 식민제국이 완전히 물러간 것도 아니었다. 정치적으로 독립은 쟁취했으나 경제적 및 문화적 측면에서는 식민 종주국과의 유대 관계가 더욱 심화되는 이른바 신식민주의Neo-colonialism 문제가 대두했다.

4. 유럽통합의 역사와 의미

1991년 12월 11일, 유럽공동체의 12개 회원국 정상들은 네덜란드의 마스트리히트에 모여 유럽인들의 결속을 강화하는 협정을 체결했다. 이른바 '마스트리히트 조약'이 성사되어 유럽연합European Union, EU이 탄생했다. 이로 인해 1993년부터 유럽연합 내부에서는 화폐와 사람, 상품과 서비스가 자유롭게 이동할 수 있게 됐다. 이후 우여곡절 끝에 2002년 유로화가 발행되어 개별 회원국들의 화폐를 대체함으로써 유럽인들은 명실상부한 단일 경제체제를 갖게 됐다. 2010년 10월 한국—EU 자유무역협정FTA이 체결되면서 유럽은 우리에게 보다 가까운 이웃이 됐다.

적어도 지난 2~3백년간 세계를 주름잡았던 유럽인들은 왜 하나로 뭉치려고 했을까? 그 과정에서 개별 국가들 간의 차이와 갈등은 어떻게 극복했을까? 원래 그리스 신화에 등장하는 여신 '에우로페Europe'에서 그 명칭의 유래를 갖고 있는 유럽은 유라시아 대륙의 북서쪽에 돌출해 있는 작은 대륙(약 1,050만㎢)이다. 여기에 라틴족, 게르만족, 그리고 슬라브족이 서로 화합, 갈등, 충돌하는 역사적 파노라마를 형성하면서 삶을 영위해 왔다. 자연스럽게 그 과정에서 수많은 국가들이 출현, 부침을 거듭해 왔다.

유럽인들이 단결의 필요성을 절실하게 느끼기 시작한 것은 제

2차 대전 종전 이후였다. 두 번에 걸친 대규모 '골육상쟁'으로 세계사에서 유럽의 위세는 그 빛을 잃게 됐다. 상대적으로 미국과 소련이 새로운 초강대국으로 대두, 이른바 냉전체제를 구축했다. 전쟁으로 폐허가 되고 국제적 발언권도 상실한 유럽에서 옛 위상을 찾으려는 움직임이 전후 프랑스를 중심으로 일어났다.

대전 후 유럽의 결속을 처음으로 제기한 인물은 영국 총리였던 윈스턴 처칠이었다. 1946년 9월 스위스 취리히를 방문한 처칠은 '유럽합중국' 창설을 제안하는 연설을 했다. 전후 공산주의의 위협에 대응하기 위해 유럽이 결속해야 한다고 역설했으나, 그 이면에는 미국과의 '특별한 관계'를 우선시하려는 속셈이 깔려 있던 탓에 그의 외침은 별다른 호응을 얻지 못했다.

구체적인 시도는 1, 2차 대전의 실질적 수행자이자 국경을 맞대고 있던 프랑스와 독일을 중심으로 일어났다. 심정적으로 결속의 물꼬를 튼 것은 독일 초대 총리였던 아데나워와 프랑스 경제학자이자 외교관으로 '유럽통합의 아버지'라 불리는 장 모네Jean Monnet였다. 양국의 화해를 통해서만 유럽의 질서 구축이 가능하다고 생각한 전자에 대해 후자는 이를 실현할 출발점으로 유럽의 철강 및 석탄관련 산업의 공동관리 방안을 제기했다. 이러한 호혜적 분위기 하에서 프랑스 외무장관 슈망Robert Schuman은 1950년 5월 구체적인 실천 방안을 제안했다. "독일과 프랑스가 석탄과

철강을 공동으로 이용하는 협정을 체결하자"는 내용의 슈망계획에 대해 유럽의 다른 국가들이 호응하면서 마침내 유럽 통합의 첫 걸음인 유럽석탄철강공동체ECSC(1951. 4)가 최초 6개국을 회원국으로 출범했다.

시작이 반이라는 말처럼, 일단 물꼬를 트자 유럽 통합의 열기가 너욱 고조 됐다. 유럽석탄철강공동체의 성과에 고무된 회원국들은 보다 결속력이 강한 연합체를 모색하게 됐다. 1957년 3월 이탈리아의 로마에 모인 회원국 대표들은 이러한 필요에 공감하고 조약을 체결했다. 이때 태동한 것이 바로 유럽경제공동체European Economic Community, EEC로서 회원국들 간에 관세를 철폐하고 공동 정책 및 법안을 마련키로 합의함으로써 대규모 유럽시장 출현의 초석을 놓았다.

그런데 유럽 국가들이 공동으로 운용하는 기구가 3개로 늘어나면서 효율성 차원에서 통합의 필요성이 제기됐다. 그래서 1967년 7월 1일 서유럽 정치/경제 협력기구인 유럽공동체European Community, EC가 탄생했다. 이는 기존 유럽석탄철강공동체와 유럽경제공동체, 그리고 로마조약에 의해 1958년 설립된 유럽원자력공동체 등을 브뤼셀에 자리 잡은 집행위원회로 통합한 것이었다. 1973년 영국의 가입을 시작으로 가입국 수도 점차 증가하여 1986년까지 총 12개국에 이르게 됐다.

유럽 연합 국기

한편, 프랑스와 독일 등 유럽의 대표국가들이 주도하는 유럽공동체에 대항하여 스웨덴, 노르웨이, 오스트리아 등 유럽 7개국은 1960년 1월 이른바 유럽자유무역연합EFTA을 결성했다. 이들은 정치적으로 중립을 표방하면서 냉전체제 하에서 동서 양 진영에 경제적으로 양다리를 걸친 채 상당한 어부지리를 얻었으나, 1989

년 냉전체제 종식과 더불어 하나 둘씩 유럽공동체로 가입했다.

유럽공동체 결성 후 경제적 통합은 간혹 우여곡절이 있기는 했으나 순조롭게 진행되어 상당한 성과를 거두었다. 이에 비해 반대세력의 방해로 인해 정치적 통합은 느리게 진행됐다. 시간의 경과와 더불어 경제적 통합과의 괴리현상이 심화되면서 정치적 통합의 필요성도 더 이상 피할 수 없는 상황에 이르게 됐다. 특히 냉전체제의 종식 후 소련이라는 한 축이 사라지면서 세계 초강대국으로 남게 된 미국의 영향력이 증대되고, 동시에 중국과 일본을 비롯한 아시아 국가들의 약진이 돋보인 세계정세의 변화는 망설이던 유럽 국가들을 움직이게 만들었다.

마침내 유럽 12개국의 수뇌들은 1991년 12월 초 네덜란드의 마스트리히트에서 조약을 체결, 정치적 통합의 결정적 계기를 마련했다. 이들은 경제는 물론이고 정치·외교·국방 분야를 아우르는 진정한 통합을 지향한다는 의미에서 유럽공동체 대신에 통합의 강도가 강하게 느껴지는 유럽연합으로 명칭을 변경했다. 유럽 중앙은행 설립과 단일통화 사용(2002년 유로 화폐로 통일), 공동방위체제 구축, '유럽시민' 제도 도입 등에 합의함으로써 유럽의 결속력은 보다 높아질 수 있었다. 이후 냉전 종식 후 소련의 영향권에서 벗어난 동유럽 국가들에게도 1997년 이래 가입이 허용되어 오늘날 유럽연합은 말 그대로 유럽 대륙의 거의 대부분 국가들(현재 총 28개국)을 포괄하기에 이르렀다.

그렇다면 유럽인들이 서로 뭉치려는 이유는 무엇일까? 그리고 통합된 유럽의 미래는 어떻게 될까? 표면적으로는 정치적 통합의 실현을 표방하나 결속 추구의 진정한 속내는 경제 논리라고 볼 수 있다. 세계화 시대의 도래에 미국이나 일본 등 경제 강국들에 공동 대응하려는 방책이 아닐까 한다. 다른 한편으로, 궁극적 통합을 지향하는 유럽의 미래가 마냥 밝은 것만은 아니다. 여전히 국가적 특성의 소멸을 우려하는 목소리는 남아 있으며, 무엇보다도 개별국가의 권력은 축소됐으나 개인의 정체성 귀속 대상으로서의 국가 역할은 여전히 존재하고 있다. 즉 통합유럽의 제도적 형식을 결속의 정도가 높은 '연방제'로 설정할 것인지, 아니면 '정부간 협력체' 차원에 머물 것인지에 대한 논의는 여전히 진행 중이다.

AMERICA
Circulus Arcticus
AMERICA SEPTENTRIONALIS
NOVA FRANCIA
Florida
MAR DEL NORT
Tropicus Cancri
MAR DEL ZUR
Circulus Æquinoctialis
Insulæ Salomonis
Tropicus Capricorni
MARE PACIFICUM
Fretum Magalanicum
Excudebat Guiljelmus Blaeuw Amstelodami sub signo Solaris aurei
MA
GALL
Circulus Antarcticus
TERRA AUSTRALIS

제6장

서구침탈과 동아시아의 대응

1. 아편전쟁과 남경조약

앞에서는 주로 서양의 역사를 살펴보았다. 이번 장에서는 19세기 이래 거세어진 서구 열강의 동아시아 침탈에 대한 중국과 일본의 대응 양상과 그 결과에 대해 고찰하고자 한다. 이는 같은 시기에 유사한 경험을 한 우리의 역사를 좀 더 객관적으로 이해하기 위해서도 필요한 작업이다.

임진왜란을 계기로 누르하치의 영도 하에 만주지방에서 흥기한 여진족은 17세기 초반부터 그 힘을 사방으로 과시하기 시작했다. 급변하는 주변 국제정세를 제대로 파악하지 못한 조선은 두 차례(정묘호란, 병자호란)에 걸친 여진족의 침략을 겪었다. 명과의 대결에서 승리 1644년 중원대륙을 석권한 여진족(1636년 만주족으로 개칭)은 유연성과 창조성을 발휘하여 정복왕조의 기틀을 마련했다. 더구나 17세기 중엽부터 18세기말까지는 강희제, 옹정제, 건륭제와 같은 탁월한 리더들이 연이어 등장하여 안정되고 풍요로운 사회를 건설했다.

19세기 중엽 서구 열강과 본격적으로 접하기 이전 시기에 중국은 이민족 왕조인 청淸의 지배하에 있었다. 만주족은 정복왕조였으나 중국의 전통적인 제도와 유교사상을 거의 대부분 수용했다. 이로써 청조는 유교문화권 속의 문인 중심사회라는 기존의 전통을 그대로 이어갔다. 과거제도를 매개로 하여 형성된 신사층紳士層이 지속적으로 사회의 지배세력을 이뤘다. 경제적으로는 농업중심의 자급자족적인 경제체제를 유지했으나, 동아시아 세계의 중심 세력이라는 위상에는 변함이 없었다. 중화의식에 입각하

사신을 알현하는 건륭제

여 주변국과의 수직적 관계를 설정한 조공제도를 통해 자국의 우위를 유지하고 과시했다.

그러나 18세기 후반에 이르면 청조 지배의 쇠퇴 현상이 두드러졌다. 무엇보다도 황제 중심의 전제체제가 갖는 한계성이 심화됐다. 절대 권력이 무능한 황제에게 집중된 탓에 행정 능률은 떨어지고 관료사회는 부패의 늪으로 빠져들었다. 심지어는 만주족 통치의 근간이랄 수 있는 팔기군八旗軍 마저 기율은 이완되고 무기체계는 낙후되어 약화일로에 있었다. 여기에 백여 년의 평화 시기에 크게 늘어난 인구(1711년 1억 4천만 명 → 1850년 4억 1천만 명)에 비해 거의 일정한 농경지(1723년 730만 경 → 1824년 756만 경)는 심각한 불협화음을 일으키며 농민들을 빈곤의 나락으로 떨어뜨렸다. 배고픔에 견디다 못한 민초들의 외침은 백련교의 난과 같은 대소 규모의 민란으로 표출됐다.

설상가상으로 이러한 내우內憂의 상황 속에서 외환外患이 닥쳐왔다. 19세기에 접어들면서 서구 열강은 노골적으로 중국과의 교역 확대를 시도했다. 그 선두에 당시 세계의 바다를 장악하고 있던 영국이 있었다. 원래 서양과 중국 간의 교역은 로마시대까지 거슬러 올라가는 긴 역사를 갖고 있다. 유럽인들의 해외 팽창 이전에는 아라비아 상인들의 중개무역을 통해 주로 중국산 도자기와 비단 등이 유통됐다. 16세기에 이르러 직접 교역이 가능해

지면서 교역 품목도 다양화되고 교역량도 크게 늘어났다. 이러한 아시아 특히 중국과의 교역에서 마카오를 교역 근거지로 확보한 포르투갈과 마닐라를 개척한 스페인이 주도권을 장악했다. 그러다가 17세기에 네덜란드, 프랑스, 그리고 영국 등이 가세하면서 치열한 헤게모니 쟁탈전이 벌어졌고, 이러한 와중에 동인도회사를 설립하여 교역의 체계화를 이룩한 네덜란드와 영국이 신흥 강자로 떠올랐다. 중국과의 교역에 관한 한 18세기 이래 영국이 단연 선두에 있었다.

그러나 실제적으로 영국과 중국의 교역은 극히 제한된 규모로만 이뤄졌다. 1699년 이래 중국은 남부지방의 광동 항구에서만 외국과의 교역을 허용하는 일명 '광동廣東무역제도'를 유지하고 있었기 때문이다. 외국인 상인들은 항구의 제한된 지역에 살면서 거래조차도 청 정부가 허가한 총 13개의 공행公行이라는 특허상인을 통해서만 할 수 있었다. 교역 품목도 차, 비단, 목면 제품 등 중국 측에 유리한 물품으로 한정되어 있던 데다가 청 관리들에 의한 각종 잡세 징수와 잦은 간섭을 감내해야만 했다. 그래도 19세기 이전까지 영국 상인들은 동인도회사를 통해 중국의 차와 비단을 수입하고 영국산 상품을 판매하면서 그런대로 이득을 취할 수 있었다.

그런데 19세기 중엽에 이르러 영국의 산업혁명이 질적 및 양적으로 성장하면서 영국 상인들은 중국과의 통상 확대를 갈망하게 됐다. 기존 중국과의 폐쇄적인 교역으로 인해 구조적인 문제점이 점차 심화되고 있었다. 당시 산업혁명으로 영국인들의 소비수준이 높아져서 차茶를 비롯한 중국산 물품에 대한 수요가 크게 늘어났다. 그로 인해 급증한 무역 적자는 영국정부의 골칫거리로 대두했다. 이의 해결에 골몰하던 영국은 인도산 아편(양귀비)을 중국에 밀수출하는 편법을 고안해 냈다. 즉 인도에는 면직물과 같은 공업제품을 수출하고 중국에는 인도에서 재배한 아편을 밀매하며 이때 얻은 수익으로 중국산 차와 비단 등의 수입대금을 지불하는 일종의 '삼각무역체계'를 확립했던 것이다.

이는 곧 영국 측에는 엄청난 행운을, 중국 측에는 지난至難한 불행을 초래했다. 중국의 은銀이 영국으로 유출되는 무역수지의 역전 현상이 발생하고 점차 심화됐다. 이는 전적으로 중국인들의 아편 흡연 풍조가 만연하면서 벌어진 현상이었다. 시간이 지나면서 국부 유출은 물론이고 백성들의 건강 문제가 심각해지자 급기야 청조는 직접 행동으로 나섰다. 아편문제에 강경한 입장을 견지한 임칙서林則徐를 흠차대신으로 임명, 광동지방으로 파견하여 문제를 해결코자 했다. 현장에 도착한 임칙서는 영국 상인들이 보유한 다량의 아편을 몰수, 이를 소각하는 초강수 조치를 취했다.

이러한 중국의 강경 조치는 중국과의 통상 확대를 갈망해 온 영국에게는 오히려 호기로 작용했다. 영국도 강공으로 맞섬에 따라 1839년 양국 간에 일명 '아편전쟁Opium War'이라 불리는 충돌이 벌어졌다. '잠자는 사자'라던 소문과는 달리 중국은 영국 함대의 공격에 속수무책으로 무너졌다. 1842년 청 정부는 남경에서 영국과 조약을 맺고 문호를 개방할 수밖에 없었다. 이제 중국은 거액의 배상금을 영국에 지불하고 공행제도를 폐지함을 물론, 홍콩의 할양에 더해 5개 항구를 개항해야만 했다. 무엇보다도 이 조약은 중국 측에 관세 자주권의 상실, 영사재판권의 인정, 최혜국 조항의 수용 등을 강제한 '불평등조약'이었다. 무엇보다도 '아시아의 맹주' 중국의 허약함을 목도한 서구 열강은 경쟁적으로 동아시아로 몰려들었다. 이처럼 거세게 밀려오기 시작한 격랑激浪을 중국과 일본은 어떻게 헤쳐 나갔을까?

2. 중국의 자강 노력과 그 양상

청말의 왕조 말기적 상황에서 발발한 태평천국운동은 홍수전洪秀全이 결성한 비밀결사체의 1850년 광서성省 봉기로 시작됐다. '멸청흥한滅清興漢'을 외치며 십여 년 동안이나 청조 타도를 시도했으나 보수 계층에 의해 진압됐다. 토벌 과정에서 서양 군사무기의 우수성을 목도한 청조는 1860년 양무운동洋務運動으로 알려진 자강自强운동에 착수했다. 이후 청일전쟁에서 참패하면서 서양의 기술만이 아니라 제도도 도입해야 한다는 변법운동變法運動으로 이어졌다. 하지만 청조의 자강 노력은 곧 한계에 부딪히고 열강의 침탈은 더욱 거세어 졌다. 이에 손문은 삼민주의三民主義를 강령으로 내걸고 혁명운동을 확산시켜 나갔다. 마침내 1911년 10월, 신해혁명으로 청조는 멸망하고 중화민국이 탄생했다.

아편전쟁 패배, 애로우호 사건 이후 영불英佛 연합군의 북경 입성, 그리고 그 결과 남경(1842)과 북경(1860)에서 체결된 불평등조약으로 인해 청조는 '아시아의 강자'라는 명성이 무색할 정도로 허약성을 드러냈다. 외환外患에 대한 대응을 더욱 어렵게 만든 것은 같은 시기에 국내에서 일어난 대규모 농민운동이었다. 아편전쟁의 영향으로 청조의 권위가 추락한데다가 농민생활의 빈궁화가 심화되면서 향촌에서 삶의 터전을 잃고 유리遊離하는 농민의 수가 급증했다. 이는 배외반청排外反清의 성향을 가진 비밀결사들의 출현을 자극했고, 다른 어느 지역보다도 외세 침탈의 시련을 직접 겪은 남부지방에서 거세었다. 게다가 이곳에는 본토인들의 차별로 인해 이전부터 불만이 높았던 화북지방 이주민 집단인 '객가客家'가 다수 거주하고 있었다.

이러한 와중에 드디어 홍수전이라는 한 인물이 나타났다. 수차례 시도한 과거시험에서 낙방한 후 실의에 차 있던 그는 기독교에 빠지게 됐고, 곧 '배상제회'라는 유사 기독교적 비밀결사를 조직했다. 남부지방에서 점차 세력을 키운 그는 1850년 광서성 금전촌에서 기의起義, 곧 수많은 추종자들을 거느리게 됐다. 관군과의 전투에서 연전연승하여 1853년에는 양자강 이남의 중심도시인 남경마저 점령할 수 있었다. 이때 이곳을 도읍으로 하여 '태평천국'이라는 나라를 세웠다. 이들은 멸청흥한이라는 기치아래 변발 금지 및 전족 폐지, 아편흡연 금지, 토지균분, 유교적 질서타파 등을 내세우며

태평천국지도자 홍수전

기존 체제에 대한 불만세력들을 끌어 모았다. 하지만 기존 유교적 사회질서에 대한 부정은 지배계층인 신사층의 무력 대응을 초래했다. 여기에 우월한 무기로 무장한 서양 군대까지 가세하면서 위세를 떨치던 태평천국군은 1860년 종말을 고하고 말았다.

이러한 내우외환으로 청조는 만신창이가 됐다. 이제는 무엇인가 돌파구를 찾아야만 했다. 이렇게 착수된 '위로부터의 개혁' 시도가 바로 양무운동(1860~1895)이었다. 이는 중체서용中體西用이라는 원칙 하에서 서양의 기술을 도입하여 부국강병을 이루려는 시도였다. 서양과의 전쟁에서 계속 패하다보니 아무래도 '강병' 쪽에 방점이 두어져서 근대적 무기의 도입, 군대의 개혁, 군수공장의 건설 등이 중점적으로 추진됐다. 서양 국가들과의 근대적 외교관계를 이끌어갈 인재양성 기관(동문관)과 정부기구(통리기무아문)도 신설됐다. 태평천국군 진압에 중추적 역할을 한 증국번·이홍장·좌종당 등 한인관료들이 중앙정계에 진출, 동치황제(1860~1874)의 신임을 받으면서 이러한 과업을 이끌었다. 한때 중국을 '아시아의 맹주'로 부활시킬 것처럼 보였던 양무운동은 1894~1895년 일본과의 전쟁에서 완패하면서 실패로 끝나고 말았다. 중앙정부 차원의 컨트롤 타워가 결여된 채 개혁적 관리들이 부임한 지방별로 추진됐다는 한계를 지적할 수 있으나, 무엇보다도 근본적인 문제는 기존 정치 및 사회제도는 유지한 채 서양의 유용한 기술만 도입하려한 편협한 방향성에 있었다.

양무운동의 한계가 분명히 드러나면서 이제 개혁운동은 서양의 제도까지 수용하는 방향으로 나아갔다. 흔히 변법운동(1895~1910)이라 불리는 개혁의 단초를 제공한 인물은 광서황제에게 개혁안을 제안하고 곧 그 실행 책임까지 맡은 강유위康有爲였다. 양계초·장지동 등의 도움 하에 1898년 '무술정변'이라 불린 개혁 작업이 약 100일간 추진됐다. 그는 진정한 변화를 위해서는 서양의 제도도 수용해야 한다고 주장하면서 관제개혁, 근대적 학교제도 도입, 그리고 무엇보다도 입헌군주정을 제창했다. 하지만 그의 개혁 시도는 그 급진성으로 인해 지지세력 확보가 어려웠고 특히 당시 실권자였던 서태후를 비롯한 보수 세력의 의구심을 초래했다. 급기야 보수파의 실력행동으로 인해 개혁 작업은 중단됐고, 강유위 등 급진 개혁파 세력은 뿔뿔이 흩어졌다. 물론 의화단 사건(1900) 이후 청조의 주도하에 이른바 '변법신정'이 추진되어 입헌정체로의 전환, 과거제도 철폐 및 신식학교 설립, 신식군대 창설 등의 개혁 작업을 실시했다. 하지만 이는 시기적으로 너무 늦었고 무엇보다도 개혁의 본질상 청조 유지의 고육책이라는 한계를 안고 있었기에 실패했다.

이제 역사의 물줄기는 다른 곳, 즉 '아래로부터' 흘러나오게 됐다. 정부의 개혁 작업에 실망한 이들은 이제 청조에 대한 기대를 접고 새로운 국가건설을 꿈꾸었다. 바로 이들은 혁명파로서 그 중심에 손문孫文이 있었다. 일찍이 흥중회라는 혁명단체를 조직(1898)하여 청조 타도의 기치를 내걸은 손문은 정치적 탄압을 피해 주로 해외에서 활동했다. 그는 당시 중국의 젊은 유학생들이 많았던 일본에서 향후 혁명운동의 구심점이 되는 중국혁명 동맹회를 결성했다. 이때 그가 혁명 이념으로 내세운 것이 바로 유명한 민족·민권·민생의 삼민주의였다.

그러나 이상과 현실에는 항상 커다란 격차가 있는 법! 이후 주로 중국 남부지방에서 청조 타도를 목표로 수차례 무장봉기를 시도했으나 실패했다. 대부분의 중국인들은 여전히 전통적 사고에 젖어 있었기에 혁명파는 그 세력을 키우기가 쉽지 않았다. 다행히 혁명은 의외의 시점에 의외의 집단에 의해 의외의 사건으로 점화됐다. 1911년 10월 10일, 청조의 철도국유화 정책에 반대하는 민중 봉기의 진압 명령을 받은 무창 주둔 신식군대에서 오히려 총구를 청조로 겨누는 항명 사태가 발생했다. 마른 풀밭에 던져진 불씨처럼 이는 삽시간에 전국의 각 성으로 확산됐고, 급기야는 중화민국(1912. 1. 1)이라는 새로운 국가의 수립으로 이어졌다. 진시황제 이래 2천 년간 이어져온 황제정이 공화정으로, 만주족 왕조가 한족 정권으로 바뀌는 패러다임의 변화가 일어난 것이었다. 그렇다면 이후 중국은 손문 등 혁명가들의 소망처럼 안정되고 평화로운 사회로 바뀌었을까? 그렇지 않다. 유구한 전통의 무게는 한 번의 정치적 격변으로 뒤집혀지지 않았다. 이후 중국은 또 다시 약 반세기에 걸친 소용돌이 속으로 떠밀려 들어갔다.

3. 중국의 근대화 노력: 공화정의 시련과 5·4운동

1911년 신해혁명으로 만주족의 청 왕조가 멸망하고 공화제를 지향한 한족 중심의 중화민국이 수립됐다. 아편전쟁으로 점화된 긴 내우외환의 우여곡절 끝에 맺은 열매였다. 하지만 이는 '신新중국' 건설의 서막에 불과했다. 이후 가깝게는 중공정권 수립(1949. 10)시까지 멀게는 1980년 등소평의 개혁개방정책이 본격화될 때까지 중국인들은 혼란과 그에 따른 희생을 감내해야만 했다. 이의 근본 원인 중 하나는 신해혁명이 '불완전한' 사회혁명이었기 때문이다. 혁명 성공의 이면에 전통적 지배계층(신사층)의 협력이 있었기에 기존 정치세력과 더불어 전통적인 유교적 의식구조 및 사회제도도 유지됐다. 이러한 사회적 및 사상적 유산은 일거에 척결될 수 있는 문제가 아니었다. 혁명 후 중국은 원세개의 부상과 몰락, 군벌시대, 북벌과 남경정부 시대, 국민당과 공산당의 대립, 그리고 일본의 침략과 저항이라는 소용돌이 속으로 빨려 들어갔다.

신해혁명 성공 후 크게 부상한 인물은 혁명파 지도자 손문이 아니라 오히려 몰락한 청조에서 잔뼈가 굵은 원세개袁世凱였다. 일찍이 서태후의 신임을 받으면서 신식군대의 육성을 담당해 온 덕분에 혁명 당시 원세개는 청조의 군권을 장악하고 있었다. 정세 판단에 뛰어났던 원세개는 청조를 버리고 혁명파와 손을 잡았으나 이는 그가 권력을 장악하기 위한 잠정적 제휴였다. 중화민국 수립 직후부터 원세개는 손문의 혁명파를 비롯한 경쟁세력 제거에 매진했다. 대부분의 핵심 혁명가들이 체포를 피해 일본으로 망명한 상황을 이용하여 총통 독재권을 확립한 원세개는 곧 황위皇位에 대한 야심을 드러냈다. 과욕 탓인지 잠시 황제의 자리에 앉았던 원세개는 대내외의 비난을 견디지 못하고 1916년 6월 초에 급사急死하고 말았다.

그러나 상황은 그가 죽었다고 끝난 것이 아니라 더욱 악화됐다. 갑작스러운 그의 죽음 이후 원세개 휘하에 있던 막료들이 서로 후계자를 자임하며 전국에서 발호했기 때문이다. 사적 무장력을 기반으로 민중을 수탈하면서 일정 지역을 지배한 정치군사집단인 '군벌軍閥' 할거割據의 시대(1916~1928)가 도래한 것이었다. 북경 지역을 장악한 북양 군벌, 만주를 장악한 동북군벌과 같은 중앙 군벌 이외에 서남군벌, 산서군벌 등 전국에 걸쳐서 이들이 난립하는 형국이 됐다. 군벌 지도자들은 휘하 병력의 유지에 필요한 재원 마련을 위해 세력권 내의 지방민들을 혹독하게 수탈했다. 또한 필요한 무기와 탄약 등을 얻기 위해 외세에 각종 이권을 팔아넘기는 매국행위를 자행했다. 이처럼 내부적으로 군벌의 가혹한 착취에 시달리고 외부적으로는 군벌과 결탁한 제국주의 열강의 거센 침략이 심화되면서 중국사회를 바닥부터 바꾸려는 정치사회세력이 대두, 반反군벌정치 운동과 무엇보다도 신문화운동을 전개하기 시작했다.

일반적으로 '5·4운동'이라 불린 새로운 조류가 1915~1920년대 초반까지 중국 지식인 사회를 뜨겁게 달구었다. 중국사회의 근본적 개혁을 꾀한 이 사상계몽 운동은 당시 북경대 문과대학장으로 있던 진독수가 창간(1915)한 『신청년』이란 잡지를 통해 점화됐다. 이후 이 운동은 북경대 총장으로 있던 채원배가 주도한 '신사상운동'과 노신이 주도한 '신문학운동'으로 발전했다. 전자는 말 그대로 중국의 전통적인 유교사상을 구습舊習의 근원이라 비판하고 자유민주주의, 개인주의, 그리고 과학사상 등 서구사상의 적극적인 수용을 주창했다. 같은 맥락에서 후자는 문학작품을 통해 신사상을 전파, 중국인들의 의식을 깨우치려고 노력했다. 이를 위해 일반 민중들도 쉽게 읽을 수 있는 백화체로 작품을 썼는데, 대표적으로 노신의 『광인일기』 및 『아Q정전』 등이 있었다.

이러한 개명된 지식인들의 노력은 일반 대중의 호응 하에 '5·4사건'으로 발현됐다. 잠들어 있던 중국인들의 민족의식을 깨우는 계기가 된 것은 중국 내 이권을 탐한 일본의 '21개조 요구(1915)'와 이를 수용한 원세개 정권의 매국적 행위였다. 중국인들은 이러한 일본의 부당한 요구를 시정해 줄 것을 파리강화회의(1919)에

5·4사건

요청했다. 하지만 일본의 방해로 실패했고, 이 소식이 중국에 알려지면서 그동안 급진적 지식인들로부터 신사상의 세례를 받은 북경대 학생들이 1919년 5월 4일 천안문 광장에 모여 회담의 결정과 정부의 무능을 규탄했다.

이러한 학생들의 시위는 곧 북경 시내는 물론이고 전국의 대도시로 확산되어 대규모 배일排日 민족운동으로 발전했다. 학생과 일반 민중들은 원세개 정부 내 친일파 각료들의 해임 조치를 요구하면서 학생들은 수업 거부, 상인들은 철시撤市, 그리고 노동자들은 파업을 벌였다. 결국 원세개 정부는 이러한 전국적인 대중운동의 위세에 눌려서 친일 각료들을 해임해야만 했다. 수 천 년

간 중국 민중은 상부에서 하달되는 지시만을 충실히 수행하면 되는 것으로 알고 있었다. 하지만 이제 결집된 민중의 힘 앞에 중앙의 권위가 굴복하는 사태가 벌어진 것이었다.

사회 및 사상혁명으로 시작한 '5·4운동'은 1920년대 이후 중국 역사의 흐름을 결정한 중요한 계기이자 방향타가 됐다. 공산당 창당(1921)과 국민당의 대중정당으로의 개조改造, 그리고 직접적으로는 제1차 국공합작을 가져왔다. 1915년 시작된 신문화운동으로 서구사상에 대한 중국 지식인들의 관심은 고조됐다. 그런데 1917년 10월 러시아혁명 성공으로 이제 서구사상에는 기존의 자유민주주의 이외에 공산주의라는 새로운 사상이 부각됐다. 파리강화회의에서 서구 자유민주주의 국가들의 결정에 실망한 중국의 지식인들에게 공산 소련은 중국의 미래 대안으로 인식되기에 충분한 매력을 갖고 있었다. 더구나 소련의 중국에 대한 호의적 태도와 접근은 중국 지식인들을 더욱 고무시켰다. 드디어 1921년 7월 1일 진독수·이대교·모택동 등을 중심으로 중국 공산당이 창당됐다.

다른 한편으로, 국민당 지도자 손문 역시 러시아혁명 성공 소식과 특히 5·4운동을 통해 중국 민중의 정치적 잠재력을 자각하게 됐다. 이에 손문은 그동안 소수 지식인 엘리트 중심의 국민당을 대중에 기반을 둔 정당으로 변모시키는 작업에 착수했다. 이러한 절박한 상황에 있던 손문에게 소련이 교묘하게 접근했고, 그 결과 탄생한 것이 바로 '연소聯蘇·용공容共·부조농공扶助農工'을 모토로 한 제1차 국공합작(1924~1927)이었다. 그렇다면 '자유' 쪽에 무게를 둔 국민당과 '평등' 쪽에 발을 딛고 선 공산당의 결합은 과연 향후 중국을 어느 방향으로 몰고 갔을까? 그 길은 평탄한 길이었을까? 가시밭길 이었을까?

4. 국공國共 대결, 일본의 침략, 그리고 중공정권 수립

국공합작(1924)으로 공산당원의 입당을 허용한 국민당은 이제 민중에 기반을 둔 대중 정당의 면모를 갖추는 작업에 착수했다. 손문이 제시한 삼민주의를 당의 이념으로 정하고 중앙의 집행위원회를 중심으로 전국으로 조직망을 확대시켜 나갔다. 무엇보다도 당의 군사력 확보를 위해 소련의 지원으로 황포 군관학교를 설립(1924. 6) 했다. 이때 초대 학교장으로 취임한 인물이 바로 장개석蔣介石이었다. 이곳에서 장차 북벌과 항일투쟁을 이끌어갈 군사전문가들이 양성됐다.

합작한 국민당이 맨 먼저 추진한 거국적 과업은 군벌들에 의해 사분오열되어 있던 중국을 재통일하는 일, 즉 북벌北伐이었다. 이의 직접적 계기가 된 것은 국민당 지도자 손문의 갑작스러운 사망(1925. 3)이었다. 당시 북양지역을 장악하고 있던 단기서 정부와 평화적인 통일방안을 논의하기 위해 북경을 방문 중이던 손문이 지병 악화로 불귀의 객이 되고 말았던 것이다. 손문 사후 국민당 내의 좌·우파 대립 상황을 이용하여 군권을 장악한 장개석은 1926년 6월 손문의 꿈을 실현한다는 기치를 내걸고 북벌을 선언했다. 이어서 자신이 황포군관학교에서 배출한 간부들이 주축을 이룬 국민 혁명군을 이끌고 남부의 광동을 출발, 북상北上하기 시작했다. 약 2년에 걸친 북벌 기간을 통해 장개석은 대외적으로는 북벌의 주역으로 대내적으로는 국민당 내의 제1인자로 등극했다. 1928년 7월 초 북경 교외에 안치되어 있던 손문의 묘에 북벌 완성을 고함으로써 그는 손문의 후계자임을 천명했다. 이제 남경을 수도로, 장개석을 수반으로 하는 남경정부 시대(1928~1949)가 개막됐다.

정부가 수립됐다고는 하나 이는 중국인 전체를 아우르지 못했다. 장개석의 독주에 불만을 가진 세력들이 저항의 몸짓을 발하기 시작했기 때문이다. 우선, 남경정부가 북벌군의 감축을 결정하자 자신들의 세력 약화를 우려한 지방 군벌들이 반기를 들었다. 하지만 이보다 더 무섭고 집요한 도전자는 국민당에서 축출된 공산당 세력이었다. 1927년 국공합작 결렬 이후 농촌에서 일으킨 수차례 봉기에서 실패한 공산당은 남부의 강서성 서금에 모택동毛澤東을 주석으로 하는 강서 소비에트Soviet를 수립(1931. 11)하고 이를 중심으로 세력 확대를 꾀했다. 이처럼 공산당 세력이 점차 커지자 국민당은 이들을 제거하려는 소탕작전에 착수했다. 이후 장개석과 모택동이라는 두 인물로 대변되는 양 진영 간의 싸움은 짧게는 1937년 제2차 국공합작이 성사될 때까지, 길게는 1949년 10월 중공정권이 수립될 때까지 지속됐다.

초기에 별다른 성과를 얻지 못하자 장개석은 1933년 8월부터 대규모 병력을 투입하여 철저한 근거지 포위작전으로 '홍군紅軍'이라 불린 공산당 군대를 강하게 압박했다. 국민당 군대의 포위망 구축으로 곤경에 처한 공산당은 더 이상 견디지 못하고 1934년 10월 근거지였던 강서성 서금을 떠나 1년여의 고된 행군 끝에 섬서성 연안에 도달하는 유명한 '대장정大長征'을 실행했다. 국민당 군대의 추격을 받으면서 공산군대는 총 1만 2천 킬로미터가 넘는 거리를 이동, 연안의 산악지대에 새로운 혁명 근거지를 구축했다. 물론 이 퇴각 기간에 모택동은 당내에서 최고지도자로서의 입지를 구축하고, 중국대륙의 깊숙한 오지에 공산주의 이념을 확산시킴으로써 이후 국공내전 시 유리한 고지를 점할 수 있었다. 이러한 이유에서 공산당은 오늘날까지 이를 '대장정'이라는 역설적 어법으로 표현하고 있다.

대장정 중 설산을 넘는 홍군

이후의 해석이야 어찌됐든 현실적으로 당시 공산당 세력은 중국 전체에서 거의 한 점에 불과한 연안 지역에 포위된 채 국민당 군대의 토벌작전으로 생사의 갈림길에 놓여 있었다. 이대로만 지속됐다면, 장개석의 소망대로 공산당 세력은 역사상에서 사라져 버렸을 것이다. 그런데 역사의 여신, '클리오'가 무슨 조화를 부린 탓인지 모택동의 공산당 세력이 기사회생할 수 있는 '역전의 기회'가 찾아왔다. 제2차 국공합작의 결정적 계기가 된 이른바 '서안西安 사건(1936. 12)'이 일어난 것이었다. 공산당 토벌전을 독려하기 위해 남경에서 내륙의 서안을 방문한 총사령관 장개석이 부사령관 자격으로 토벌군을 지휘하고 있던 장학량에 의해 감금당하는 하극상 사태가 벌어졌다.

그렇다면 장학량은 왜 이러한 모험을 감행했을까? 사건의 배후에는 일본의 중국 침략이라는 외부적 요인이 놓여 있었다. 1931년 만주사변을 통해 화북지방을 장악하고 만주국 괴뢰정부를 세운 일본은 계속하여 중국정부를 압박하면서 호시탐탐 중국본토를 노리고 있었다. 이러한 외세의 침탈에 대응하여 지식인과 학생들을 주축으로 '내전중지' '거국항일'의 여론이 중국 민중들에게 빠르게 확산되고 있었다. 이러한 움직임에 대해 장개석은 '선안내 후양외先安內 後攘外'를 내걸고 일본의 요구에 양보하면서 우선은 공산당 세력을 토벌하는데 총력을 기울였다. 하지만 문제는 이러한 장개석의 태도에 대해 국민당 토벌군 내에서도 불만이 고조되고 있었다는 점이다. 특히 토벌군의 주류였던 장학량의 동북군은 원래 그 기반이 만주였던 터라 일본에 대한 적개심으로 들끓고 있었다.

어쨌든 서안사건을 계기로 국민당과 공산당은 두 번째로 손을 잡게 됐다. 이러한 '제2차 국공합작(1937. 9)'으로 사지에 몰려 있던 공산당 세력은 기사회생할 수 있었다. 결사항전을 선언하고 내륙의 심장부에 위치한 중경重慶으로 수도를 옮긴 국민당 군대는 지구전을 벌이면서 전력을 다해 일본군에 정면으로 맞서는 전략으로 나갔다. 이에 비해 공산당의 홍군은 일본군의 후방에서 유격전을 전개하면서 동시에 자신들의 세력 기반을 확대하는 일에 전념했다. 그 결과 국공합작 시 수만 명에 불과하던 공산당 세력은 1945년 중일전쟁의 막바지에는 120만 당원, 200만 병력에 달할 정도로 불어났다.

공산당 세력의 급성장은 당연히 국민당의 경계심과 견제를 불러 왔다. 하지만 이제 홍군은 지난 날 초라한 행색의 군대가 아니었다. 일본이 항복한 직후 두 군대는 내전內戰에 돌입했다. 장개석과 모택동이라는 20세기 중국을 대표하는 두 영걸 간 4년여에 걸친 최후 결전이 벌어진 것이었다. 내전 초기의 예상과는 달리 최종 승자는 공산당의 홍군이었다. 부패와 실정失政으로 민심을 잃은 국민당은 시간이 갈수록 강해지는 공산당의 위세에 더 이상 견디지 못하고 대만으로 철수하고 말았다. 마침내 1949년 10월

1일 중화인민공화국의 수립을 선포하는 모택동의 육성이 천안문 광장에 울려 퍼졌다. 거의 1세기에 걸친 신산辛酸의 고난 끝에 새로운 중국이 모습을 드러낸 것이다.

5. 홍紅·전專의 대결

1949년 10월 1일 중공정권이 수립됐다. 그 전의 중원대륙이 장개석과 모택동을 축으로 한 국민당과 공산당의 대결장이었다고 한다면, 정권 수립 이후 중국은 이념을 앞세우는 홍紅의 세력과 실용을 중시한 전專의 세력 간 힘겨루기였다고 볼 수 있다. 조속히 공산주의 사회를 건설해야겠다는 이념적 강박관념에서 모택동은 건국 초 신민주주의 추구를 시발로 대약진운동, 문화대혁명 등을 밀어붙였다. 이에 무리수가 생기면서 1960년대 초중반에는

천안문에 내걸린 모택동 초상화

경제발전을 우선시하는 유소기劉少奇와 등소평鄧小平에 의한 실용주의 노선이 추구됐다. 지속된 홍·전의 갈등에서 일단 승자는 후자이다. 1980년대 이래 개혁·개방정책이라는 등소평의 노선이 부강한 중국을 선사했기 때문이다. 그렇다고 홍·전 대결이 끝난 것은 아니리라. 심각한 부패, 빈부 격차 및 도농都農 격차 등 자본주의화의 모순이 더욱 심화되면 언젠가 다시 '홍의 시대'가 찾아올지 모르기 때문이다.

천안문 광장에서 승리의 축포를 울린 공산당은 이제 중국을 공산주의 사회로 전환하는 과업에 착수했다. 처음 설정한 것은 일명 '신新민주주의 시기(1949~1953)'였다. 이는 자본주의와 사회주의 단계 사이에 있는 과도기적 상태를 의미했다. 서양과는 달리 '반半봉건 반半식민지' 상태에 있던 중국의 특수한 여건을 감안, 1940년 모택동이 창안한 개념이었다. 이 시기에 추진된 대표적인 정책으로 토지개혁법(1950. 6)과 농업·공업의 합작화 사업을 꼽을 수 있다. 실행 과정에서 대두된 저항세력을 인민재판이라는 공포로, '3반反 5반反 운동'이라는 선전과 통제로 억눌렀다. 항일전쟁, 국공내전 등 장기간 혼란을 겪어온 당시 상황 속에서 하루빨리 질서를 잡고 국가의 기틀을 세우기 위해서는 급진적 정책 시행이 불가피한 측면도 있었다. 하지만 '무상몰수, 무상분배' 원칙하에 강행된 토지개혁 과정에서 70여만 명이 반동분자로 몰려서 숙청당하는 인권유린이 만연했다.

'신민주주의' 단계를 이어서 추진된 것은 '과도기의 총노선(1953~1958)'이었다. 앞의 단계를 통해 농업과 공업 생산력이 회복세를 보이자 좀 더 노력한다면 사회주의 경제건설을 달성할 수 있겠다는 판단 하에 설정한 시기였다. 바야흐로 1953년 제1차 5개년 계획이 시작됐고, 1954년에는 기존의 「공동강령(임시헌법)」을 대신하여 국가 헌법이 정식으로 채택됐다. 이 시기에 추진된 개혁 작업은 공업화와 농업·수공업·공상업의 개조를 의미하는 '1화化 3개改'로 요약할 수 있다. 궁극적으로 생산수단의 공유화를 목표로 일명 '합작사合作社'를 통한 농업의 집단화와 상공업 분야의 집단화가 추진됐다. 이러한 활동을 통해 전반적으로 농업과 공업 생산력은 증가했으나 점차 도농都農 및 공농工農 간의 불균형적 발전이 드러나기 시작했다.

과도기 총노선을 통해 어느 정도 사회주의 단계가 완성됐다고 판단한 모택동과 공산당 수뇌부는 자신들이 꿈꿔온 공산주의 사회를 실현하려는 거대한 실험, 즉 '대약진운동(1958~1960)'에 착수했다. 이 시기를 대표하는 정책은 전국의 농촌을 인민공사人民公社(1공사 평균 5천호로 구성)로 집단화하는 것이었다. 특히 철강생산에서 단기간 내에 서방 선진국을 따라잡겠다는 의욕 하에 인민공사 단위로 철강증산을 독려했다. 전국의 논밭에 조잡한 모양의 구식 용광로가 설치되어 목재를 고갈시키기 시작했다. 곧 이러한 소동의 한계가 드러났다. 과장된 보고, 무리한 목표 설정이라는 기만의 악순환 고리가 끊어지면서 누적된 문제들이 불거졌다. 자연파괴가 자연재해와 겹치면서 농업생산량이 급감, 2천만~3천만 명에 달하는 아사자餓死者가 발생했다. 힘겹게 생산한 철강도 대부분 불량품으로 판명됐다.

상황이 악화일로에 처하면서 1960년 모택동은 대약진운동 실패의 책임을 지고 제2선으로 물러났다. 이념을 우선시한 '홍'의 시대가 가고 실용을 내세우는 '전'의 시대가 왔다. 이제 유소기와 등소평이 정치일선에서 국가경제를 재건하는 작업에 착수했다. 제한적이나마 자본주의적 요소가 도입됐고, 덕분에 1960년대 중반에 이르러 경제가 점차 회복되기 시작했다. 하지만 두 사람은 중요한 요소를 간과하고 있었다. 바로 모택동의 본심本心이었다. 그는 진정으로 정치일선에서 물러난 것이 아니었다. 자신의 입지가 점차 좁아지고 있음을 직감한 모택동은 기회를 엿보고 있다가 '전'의 진영을 향해 회심의 일격을 날렸다.

바로 1966년 이후 거의 10년 동안 중국을 아수라장으로 만든 '문화대혁명(1966~1976)'을 일으킨 것이다. 표면적으로 모택동은 대약진운동의 실패 원인으로 지목된 중국인의 사상·문화의 전면적 개조改造를 내세웠으나 속셈은 자신의 정치권력을 되찾으려는

데 있었다. 당시 북경시 부시장 오함吳晗의 역사극 '해서파관海瑞罷官'을 모택동에 대한 은유적 비판이라고 평한 요문원의 글과 이에 동조한 북경대학의 대자보가 불씨가 되어 극좌 사회주의 대중운동에 불이 붙었다. 이어서 모택동이 정치 전면에 등장 '사령부를 폭격하라'는 급진적 언사로 일명 '홍위병'이라고 불린 어린 청소년들을 선동 및 동원하면서 전국적으로 확산됐다. 중국경제의 재건을 꾀하던 유소기와 등소평은 거대한 홍위병의 물결에 휩쓸려 실각했다. 대신에 모택동의 후광을 입은 4인방과 인민해방군을 장악하고 있던 임표林彪 등 '홍'의 세력이 급부상했다. '봉건적 잔재를 일소하라'는 외침에 지식인 및 기술자와 같은 인적 자산이 극심한 탄압과 고통을 받았고, 공자사당·불상 등 문화재를 비롯한 물적 자산이 파괴되고 잿더미로 변했다. 법치가 무너지고 민중의 '집단광기'가 중국 전역을 붉게 물들였다. 하지만 어느 것도 영원할 수 없는 법.

1976년 주은래 및 모택동의 죽음과 더불어 중국은 또 다시 '전'의 시대로 접어들었다. 바로 그 중심에 '오뚝이'로 불린 등소평이 버티고 있었다. 모택동 말년에 복권되어 그의 사후 화국봉華國鋒과의 권력투쟁에서 승리한 등소평은 1978년 이래 '실사구시實事求是'에 입각하여 대내적으로는 개혁을, 대외적으로는 개방을 향후 중국이 나아갈 방향으로 천명하고 적극 추진했다. 공산주의 경제 체제 하에서 낙후된 농업 및 공업 분야의 개혁을 단행하고, 서방 자본주의 국가들과의 경제교류를 활성화하기 위해 남부 해안지대에 경제특구를 설치(1979) 및 확대했다.

이후 놀라운 경제성장률을 보이면서 중국경제는 고속 질주해왔다. 물론 1980년대 말 제2차 천안문 사태로 알려진 정치민주화 요구를 무력으로 진압하는 한계를 드러냈으나 이것조차 중국의 힘찬 기세를 막을 수는 없었다. 개혁·개방 30여년이 지난 오늘날 중국은 G2로서 미국과 더불어 세계의 초강대국으로 올라섰다. 과연 그 앞날은 어떨까? 역사의 수레바퀴가 보여주듯이 언제가 거친 '홍紅'의 시대가 재현될 수 있을까?

6. 무사武士의 지배시대

서양 열강의 침탈에 직면했던 중국의 청조는 양무운동과 변법운동, 혁명과 5·4운동 등을 거치면서 서양의 충격을 흡수하고 부국강병을 이루고자 했다. 하지만 이러한 노력에도 불구하고 서구열강의 제국주의적 침탈 앞에서 속수무책인 채 급기야는 청조 자체가 멸망하고 말았다. 이와는 대조적으로 동아시아의 소국이었던 일본은 중국보다 늦게 개국했음에도 불구하고 적극적으로 서양문물을 받아들여 근대화에 성공했다. 부국강병에 매진한 일본은 19세기 말경에 비非서구국가로는 유일하게 산업국이자 제국주의 국가로 대두했다. 그렇다면 무엇이 양국 간에 이러한 차이를 가져왔을까? 이를 위해서는 먼저 간략하게나마 일본의 19세기 이전 시기에 대해 고찰할 필요가 있다. 19세기 후반기에 추진된 일본의 근대화 시도는 전통과의 단절보다는 연속선상에서 이뤄졌기 때문이다.

일본에서 고대국가의 모습이 등장한 것은 6~7세기경 이었다. 4세기 경 기내畿內(현 교토 및 나라) 지방에 호족연합정권으로 출현한 야마토大和 정권이 모태 역할을 했다. 세력 확대와 더불어 7세기경 연합정권의 수장격이었던 호족이 '천황족'으로 호칭되기 시작했다. 이로써 천황—귀족의 연대 형태로 일본의 고대국가 체제가 확립됐다. 그러다가 8세기 초반 일명 나라 시대(710~794)가 시작되면서 천황이 귀족들의 힘을 누르고 직접 통치하기 시작했고, 이러한 추세는 나라를 이은 헤이안 시대(794~1185)까지 이어졌다.

그러나 천황의 친정親政은 지속되지 못했다. 12세기 말 이후로 이른바 무가정치武家政治 시대가 개막됐기 때문이다. 지방의 호족이나 낙향한 중앙 귀족들을 중심으로 9~10세기경에 지방에 무사계급이 나타났다. 흔히 사무라이로 불린 이들은 점차 그 수가 늘어나면서 무사단을 조직, 세력을 확장하기 시작했다. 급기야는 12세기 중반 이후 이들 무사단이 중앙 정권까지 장악하면서 무가정치 시대를 열었다. 이러한 정치체제는 가마쿠라 막부(1185~1333), 무로마치 막부(1336~1467), 전국시대(1467~1573)와 통일정권 시대(1573~1603), 그리고 도쿠가와 막부(1603~1867) 등으로 이어지면서 거의 7백년 간 유지됐다. 무사들이 활개 치던 이 기간 동안 천황은 교토에서 국가의 상징적 존재로서 종교적 기능을 수행하는 선에 머물렀다. 실질적인 통치자는 무사단의 우두머리였던 쇼군將軍으로서 그가 거처하던 곳을 '막부幕府'라고 불렀다. 처음에는 가신들을 통제하는 사적 기관이었으나 쇼군의 권한이 강화되면서 전국을 관장하는 공적인 통치기관으로 정착됐다.

하지만 진정한 막부정권의 수립은 도쿠가와 막부 시대라고 볼 수 있다. 암살당한 오다 노부나가를 이은 도요토미 히데요시는 일본 전국을 통일한 후 1592년 임진왜란을 일으켜 조선과 명을 정복하려고 했으나 오히려 자신이 몰락하고 말았다. 그의 죽음 후 벌어진 세키가하라 전투(1600)에서 도요토미 세력은 도쿠가와 이에야스 세력에게 패함으로써 역사의 무대에서 사라지고 1603년 도쿠가와 막부 시대가 개막됐다. 이후 도쿠가와 막부는 에도(현 도쿄)에 본거지를 두고 1868년 명치유신으로 몰락할 때까지 무려 250여 년 동안이나 일본 열도를 지배했다. 이전에 등장한 막부들보다 장기간 정치적 안정을 유지하면서 통치 권력을 행사했다.

그렇다면 그 원동력은 어디에 있었을까? 이에 대한 답을 도쿠가와 막부의 특징들에서 찾아볼 수 있다. 우선, 도쿠가와 막부는 이른바 막번체제幕藩體制라는 견고한 통치조직을 구축했다. 정확하게는 중앙에서 쇼군 1인이 군림하는 막부와 지방의 실권자인 다이묘大名가 통치하는 250여 개의 번藩으로 구성된 통치체제였다. 전국에 산재한 다이묘들은 자신의 영지인 번 내에서는 일종의 왕처럼 군림하면서 전권을 행사할 수 있었다. 하지만 다이묘의 자치권은 인정됐으나 엄밀한 의미에서 이들은 에도에 있는 쇼군의 강력한 통제 하에 있었다. 한마디로 서양 중세의 '지방분권적 봉건체제'와는 구별되는 '중앙집권적 봉건체제'의 성격을 갖고 있었다. 실제로 도쿠가와 막부는 1616년 무가제법도武家諸法道를 제정하여 다이묘들에게 이의 준수를 엄명했다. 그 핵심 내용으로 다이묘들의 축성築城금지, 쇼군의 허락 없는 다이묘간 혼인 금지, 그리고 무엇보다도 다이묘를 영지와 에도에 격년제로 거주토록 규정한 참근교대제參勤交代制 등을 꼽을 수 있다. 특히 에도를 왕래하는 이 제도를 통해 다이묘들의 재정을 고갈시킴으로써 쇼군에 대한 반란의 가능성을 근원적으로 봉쇄했다.

이러한 정치체제에 더해 막부는 일본사회를 강력한 신분제로 묶어서 정치적 안정을 추구했다. 전통사회의 지배계층은 무사이면서 행정관리였던 사무라이였다. 이들은 전체 인구의 약 5%를 점하면서 주군인 다이묘로부터 봉록俸祿을 받아서 생활했다. 평소 칼을 차고 다닐 수 있는 특권도 받았다. 피지배계층의 대다수는 전체 인구의 80%에 달한 농민들로서 이들은 수확물의 거의 절반을 세금으로 받쳐야만 했다. 이외에 전체 인구의 7% 정도였던 상인과 수공업자 계층이 있었다. 이들은 주로 다이묘의 성 주변에 형성된 도시에 거주하면서 지배계층이 필요로 하는 물품들을 조달했다. 항상 수탈과 감시의 대상이었던 농민 계층에 비해 상대적으로 경제활동의 자유와 생활의 여유를 누렸다.

대외적으로는 1630년 이래 쇄국정책을 유지했다. 전국을 통일한 후 도쿠가와 막부는 정권 안정화 차원에서 이질적인 사상이나 문화의 유입을 엄격하게 금禁했다. 특히 전국시대에 전래되어 교세가 확장되고 있던 천주교에 대해 금지령(1614)을 내리고 가혹하게 탄압했다. 그렇다고 하여 나라의 문을 완전히 걸어 잠근 것은 아니었다. 일본의 서남쪽에 위치한 나가사키 항구에 네덜란드인들의 상관商館을 허락하고, 이곳을 통해 제한적이나마 서양문물에 접할 수 있었다. 물론 주변의 중국이나 조선과는 허가받은 상인과 상선을 통해 교역활동이 이뤄졌다.

전통시대 사무라이

17세기 중엽 이래 도쿠가와 막부의 지배체제가 정착되면서 문화적으로도 활기를 띄었다. 특히 상업 발달 및 도시의 성장과 더불어 각양각색의 목판화(우키요에), 일본판 오페라(가부키), 인형극(분라쿠) 등 도시 문화가 발전했다. 새롭게 예술인 집단들이 형성되면서 일본 전통문화를 꽃피웠다. 학문적으로도 다양한 이론과 사상들이 소개 및 수용됐다. 중국과 조선을 통해 성리학이 전파되어 하야시 라잔과 같은 유학자가 등장, 일본의 유학을 체계화했다. 이외에 서양문물을 수용하고 연구한 난학蘭學에 대응하여 일본 고유의 역사와 문화에 관심을 기울인 국학國學이 태동하여 뿌리를 내리기 시작했다. 한마디로, 18세기 중엽까지 일본은 도쿠가와 막부체제 하에서 정권의 안정을 유지한 채 경제적 및 문화적으로 무사 지배시대의 절정기를 구가謳歌하고 있었다.

7. 막부체제의 위기와 명치유신

막번체제를 근간으로 정치적 안정을 유지해온 도쿠가와 막부는 18세기 중엽 이래 급격한 사회변화에 제대로 대응하지 못하면서 구조적 모순을 드러내기 시작했다. 무엇보다도 지배세력인 막부와 번의 재정 상태가 악화됐다. 정치적 안정기에 막부는 사원 건축이나 권위 선양을 위한 각종 의식 비용 등이 늘어나면서 지속적으로 재정 적자에 시달려 왔다. 번의 다이묘들도 에도를 왕래하는 경비는 해마다 증가한 반면에 곡물생산량은 이에 미치지 못하면서 재정 궁핍 상태에 놓이게 됐다. 주군의 경제상황이 열악하다보니 봉록으로 생계를 유지하던 일반무사의 삶도 각박해졌다. 이러한 문제에 직면하여 막부는 재정개혁을 시도했다. 하지만 근본적 개혁은 도외시 한 채 사치 억제, 부채 탕감, 무사기풍의 진작 등과 같은 현상타파 위주의 미봉책에 그친 탓에 실패하고 말았다.

이러한 경제적 위기는 점차 신분질서의 와해라는 사회적 위기로 이어졌다. 특히 막부체제의 근간인 하급 사무라이 계층의 신분 전락화 현상이 두드러졌다. 직접적으로는 막부와 번의 재정이 악화되면서 이들에게 지급되는 봉록이 줄어들거나 심한 경우 미지급됐기 때문이다. 이러한 상황에서 벗어날 수 있는 길은 별로 없었다. 생계를 유지하기 위해 금지된 경제활동에 종사하거나 부유한 평민의 집안과 혼인관계를 맺는 것이 거의 유일한 대안이었다. 이와는 반대로 소수지만 사회변화에 잘 적응하여 큰돈을 번 부상富商이나 부농富農들은 금전을 무기로 신분 향상을 꾀하였다. 대부분의 농민들은 더욱 빈곤의 나락으로 떨어졌고, 더 이상 물러설 곳이 없다고 판단했을 때 반란을 일으켰다.

이러한 불안정한 분위기는 현실 타파의 길잡이 역할을 할 새로운 사상의 출현을 자극했다. 18세기 말 이래 막부체제를 비판하는 사상가들이 등장하여 목소리를 내기 시작했다. 난학파는 막부의 쇄국정책을 반대했고, 일본의 과거 역사연구를 통해 천황의 존재를 재확인한 국학파는 '존왕론尊王論'을 주장했다. 초기에는 미약했으나 점차 세력이 커지면서 막부의 통치를 의문시하는 잠재적 반정부 세력으로 대두했다. 이처럼 18세기 말에 이르면 막부체제의 말기적 현상들이 곳곳에서 드러나면서 무엇인가 커다란 변화의 도래를 암시하고 있었다.

이 시기 도쿠가와 막부에 또 다른 충격으로 닥친 것은 19세기 접어들어 본격화된 서양 세력의 문호개방 압력이었다. 19세기 초반부터 러시아, 영국 등으로부터 문호를 개방하라는 요구가 있었으나 막부는 기존 쇄국정책의 고수를 천명했다. 하지만 더 큰 압력이 태평양 너머로부터 밀려왔다. 1848년 캘리포니아를 획득한 미국은 본격적으로 동아시아 지역으로 진출을 모색했다. 드넓은 태평양 항해를 위해서는 식수 공급지와 저탄소貯炭所 등이 필요했고, 이를 위해 일본 내 항구 이용이 절실해졌다. 이때 등장한 인물이 미국 동인도 함대 사령관이던 페리Matthew C. Perry 제독이었다. 그는 1853년 여름 4척의 군함을 이끌고 에도 앞바다에 나타나 무력시위를 벌인 후 막부에게 문호개방을 요청하는 미국 대통령의 서한을 전달했다. 그 이듬해 봄(1854. 3)에 다시 나타난 페리 제독은 막부와 화친조약을 체결하는데 성공했다. 미국 포함砲艦의 위세에 눌려 일단 빗장을 푼 일본은 1858년 서방 5개 국가와 통상조약을 맺었는데, 여기에는 중국의 남경조약처럼 불평등한 조항들이 담겨 있었다.

그런데 문제는 이러한 외교적 사안이 막부체제의 붕괴를 초래할 수도 있는 정치적 위기로 전화轉化됐다는 점이다. 미국의 강경한 개국 요구에 직면한 막부는 독자 결정을 미룬 채 전국의 다이묘들에게 의견을 구하고 교토의 천황에게도 보고했다. 이러한 선례가 없었기에 이는 막부의 힘이 약화됐음을 전국적으로 드러내는 계기로 작용했다. 이후 유력 번과 궁정 귀족들의 정치 간여 및 일반 무사들의 중앙정치에 대한 관심을 유발했다.

이러한 움직임은 곧 막부 반대세력의 대두로 이어졌다. 우선, 기존체제에 불만을 품은 하급무사들을 중심으로 천황을 받들고 서양 오랑캐를 척결하자는 존왕양이론尊王攘夷論이 빠르게 호응을 얻었다. 이들은 막부가 행한 독단적인 개국 및 조약 체결 결정에 반대하면서 막부를 정치적 위기로 몰아갔다. 이들과 더불어 막부를 가장 크게 위협한 세력은 일명 '서남웅번西南雄藩'으로 불린 조슈, 사쓰마, 토사 번들이었다. 일본 열도의 서남쪽에 있던 이들은 쇠퇴하고 있던 막부와는 달리 18세기 말 이래 번의 재정개혁에 성공, 힘을 축적하면서 중앙정부에 대해 발언권을 높여왔다. 특히 군비확충에 진력盡力해온 조슈 번과 사쓰마 번이 1866년 사카모도 료마의 중재로 서로 연합하기에 이르렀다. 이로써 막부 타도를 결행할 수 있는 무력적 기반이 구비됐다.

이러한 반대 세력의 도전에 대해 막부는 처음에는 공무합체론公武合体論으로 나중에는(1867) 대정봉환大政奉還으로 위기를 넘기려 했으나 실패했다. 이러한 시도를 관철시키기에는 막부의 권력이 너무 약화되어 있었던 것이다. 자진하여 정권을 천황에게 되돌려주고 그 대가로 영지와 군사력을 유지코자 했던 막부의 의도와는 달리 막부타도 세력은 쇼군의 모든 영지 및 권한의 포기를 요구했다. 서로 대치하고 있던 상황에서 마침내 1868년 1월 초 천황 궁정의 귀족들과 연합한 조슈와 사쓰마 번의 무사들이 정변을 일으켜 이른바 명치유신明治維新을 단행했다. 7백 여 년 동안이나 상징적 존재에 불과했던 천황이 바야흐로 국가의 실질적 중심 권력

명치유신의 주역인 청년 무사들

으로 복귀한 것이었다.

이러한 '왕정복고령' 선포(1868. 1. 3)에 이어서 에도의 막부군과 교토의 반反막부군 사이에 무력충돌이 발생했다. 이른바 보신戊辰 전쟁(1868~1869)이 벌어진 것이다. 전쟁 초반에 반막부군은 도쿠가와 진영의 중심지인 에도에 무혈입성(1848. 4)하는데 성공하면서 기선을 잡을 수 있었다. 이듬 해 까지 막부군 잔존세력의 저항이 있었으나 시대적 대세에는 별다른 영향을 미치지 못했다. 이제 정부의 주도권은 일부 개혁적 성향의 궁정 귀족과 특히 조슈와 사쓰마 번 출신의 젊은 하급무사들이 장악했다. 이들 중 '유신 삼걸三傑'이라 불린 오쿠보 도시미치(1830~1878, 사쓰마 번), 기도 다카요시(1833~1877, 조슈 번), 그리고 사이고 다카모리(1828~1877, 사쓰마 번)를 대표적 인물로 꼽을 수 있다. 이들 유신 세력들은 '5개조 서문誓文'을 발표(1868. 3)하고 적극적으로 서양의 문물을 수용하면서 부국강병을 꾀하기 시작했다. 그렇다면 근대화 추진으로 어깨가 으쓱해진 일본의 칼끝은 이후 어느 곳을 겨냥했을까?

8. 제국주의 일본의 대두와 멸망

1868년 단행된 명치유신을 기점으로 일본은 근대화에 매진하게 됐다. 먼저 문호를 개방한 중국과 비교할 경우 일본의 근대화 추진은 단기간 내에 거의 전 분야에 걸쳐서 압축적으로 이뤄졌다. 우선 명치정부는 전통적 지배체제인 막번체제를 폐지하고 근대국가를 확립하는 일에 착수했다. 이를 위해 다이묘들의 권한을 일거에 천황에게 이양하는 상징적 의례(1869) 후 폐번치현廢藩置縣, 사무라이의 특권폐지와 같은 실질적 조치를 통해 모든 권력을 중앙의 천황에게로 집중시켰다. 특히 징병제도(1873), 토지세법, 근대적 교육제도를 도입하여 근대화에 필요한 인적 및 물적 기반을 마련했다. 이러한 국가체제 확립 작업은 헌법의 공포(1889)로 정점을 이루었다. 천황을 국가주권의 원천으로 규정하고 군통수권을 비롯한 모든 권한을 그에게 집중시켰다.

국가체제 수립과 더불어 '식산흥업殖産興業'을 모토로 산업화가 추진됐다. 중국의 양무운동이 지방별로 추진됐던 데 비해 일본의 산업화는 처음부터 국가주도로 이뤄졌다. 섬유공업 중심의 경공업, 군수산업 중심의 중공업, 그리고 이를 뒷받침할 수 있는 금융업 등을 발전시켰다. 특히 철도건설과 화폐 단일화 조치로 효율적인 물류 유통망을 구축했다. 이러한 산업화와 더불어 문명개화운동이라는 이름으로 서양의 문화와 사상을 적극 도입했다. 태양력을 채택하고 양복착용을 습관화함은 물론 전기와 전화를 가설, 생활면에서의 변화를 시도했다. 후쿠자와 유키치를 비롯한 개명지식인들은 서양으로부터 '문명의 정신'을 배워 구습을 타파하고 문명개화로 매진해야 한다고 역설했다.

그런데 문제는 일본이 근대화와 함께 서양 국가들의 제국주의까지 충실하게 학습했다는 점이었다. 근대화 성공으로 어깨에 힘이 들어간 일본은 점차 시선을 주변 국가들로 돌렸다. 1870년대 중반 이래 인접국가에 대한 팽창정책을 적극 추진했다. 예컨대, 대만을 정벌(1874)하고 꽉 닫혔던 조선의 문호를 강압적으로 개방(1876)시켰다. 특히 조선과의 수교는 한반도와 만주 점령을 향한 첫걸음이었다. 이후 청일전쟁(1894~1895)과 러일전쟁(1904~1905)을 일으켜서 이를 실현했기 때문이다. 당시 일본 정계의 실세였던 야마가타 아리토모는 국가의 독립과 방위를 위해서는 주권선은 물론이고 전략적으로 긴요한 '이익선'까지 확보해

만주국 수립 선전 포스터

야 한다고 호언하면서 침략정책을 옹호했다.

그러나 일본이 진정한 제국주의 국가로 부상하는 계기가 된 것은 1914년 8월 발발한 제1차 세계대전이었다. 유럽에서 전쟁이 벌어지자 일본은 영일동맹을 근거로 영국, 프랑스와 같은 협상진영의 일원으로 행세하면서 전쟁에 뛰어들었다. 일본의 속셈은 동아시아 지역에 있던 독일의 각종 이권과 식민지를 차지하는 것이었다. 개전 후 곧 독일의 조차지였던 산둥반도와 남태평양의 남양군도를 점령했다. 또한 서양 열강들이 유럽에서 싸움에 몰두해 있는 틈을 이용하여 중국에서 영향력 확대를 꾀했다. 구체적으로 '21개조'를 중국정부에 제시하고 이의 수용을 강요했다. 이러한 일본의 무리한 요구가 중국인들의 반일감정을 고조시켜서 5·4운동을 촉발시켰음은 이미 고찰한 바 있다.

아무튼 전쟁 기간 중 교전국들의 군수물자 수요가 급증하면서 일본 경제는 호황을 누렸다. 이른바 '전쟁특수'가 터지면서 전시에 일본의 산업생산고는 무려 5배나 성장했다. 이러한 급격한 변화 속에서 신흥 벼락부자들이 출현하여 배금주의拜金主義의 민낯을 드러내기도 했다. 다른 한편으로 경제성장은 제한적이나마 일반국민들의 정치의식을 일깨우는 계기가 됐다. 1880년대에 시작된 이른바 '자유민권운동'에 그 뿌리를 두고 있던 일반국민의 정치참여 욕구는 1920년대에 정당정치를 통해 일시적으로나마 꽃을 피웠다. 1918년 최초로 평민출신의 하라 다카시가 총리가 되면서 시작된 정당민주화 바람은 보통선거제 도입(1925, 25세 이상 남성에게 선거권 부여)으로 정점에 이르렀다.

하지만 이러한 정치적 변화는 지속되지 못했다. 오히려 1930년대에 접어들어 엄청난 역풍을 초래했다. 1929년 10월에 시작된 세계대공황은 수출경제에 의존하고 있던 일본에도 예외 없이 엄습했다. 불경기로 수출이 급감하면서 실업자가 양산되고 사회적 위기감이 고조됐다. 이러한 음울한 분위기 속에서 정당정치는 종말을 고하고 군부가 정치 전면에 나서는 군국주의軍國主義가 대두하여 이후 기승을 부렸다. 만주사변(1931)을 시발로 이후 국제연맹 탈퇴(1933), 독일·이탈리아와 방공협정 체결(1936). 중국 본토 침략(1937) 등 침략행동으로 이어졌다.

중국 침략에 이어서 일본이 동남아시아로 전쟁 범위를 확대하면서 미국과의 충돌은 불가피하게 됐다. 일본 해군이 결행한 진주만 기습(1941. 12)은 미국과 일본이 본격적으로 충돌하는 계기가 됐다. 초전의 연이은 승리로 치솟던 일본의 기세는 미드웨이 해전(1942. 6)에서의 참패로 기울기 시작했다. 이후 남태평양에서 벌어진 일련의 지상전에서도 패배하면서 일본은 더욱 수세에 몰리게 됐다. 옥쇄, 가미카제 자살특공대 등 자국민의 목숨을 담보로 버티던 일본은 히로시마와 나가사키에 원폭 공격을 받은 후 무조건 손을 들었다. '항복'을 선언하는 일본 천황의 메시지가 점령지에 울려 퍼졌다. 1870년대 이래 일본이 추구해온 근대화 작업은 그 지향점을 주변국 침략이라는 잘못된 방향으로 설정하는 바람에 자국민은 물론이고 무엇보다도 인접 국민들에게 엄청난 인적 및 물적 피해와 정신적 상흔을 남기고 말았다.

대전 후 일본을 점령한 연합군은 사령관 맥아더 장군을 중심으로 군정軍政을 실시했다. 군정 정부는 일본의 비非군사화와 민주화를 추구했다. 전자를 위해서는 일본의 군대와 경찰 등을 해산하고 도쿄에 전범재판 법정을 설치, 전쟁 수행의 핵심 인물들을 전쟁 범죄자로 단죄했다. 후자를 위해서는 천황을 상징적 존재로 격하시키고 전쟁을 영구히 포기한다는 조항이 담긴 신헌법을 제정(1946. 11) 했다. 이와 더불어 다방면에 걸쳐서 개혁을 추진했다. 하지만 일본을 철저하게 비무장화 및 민주화시키려던 연합군의 점령정책은 냉전이 격화되고 무엇보다도 한국전쟁이 발발(1950. 6)하면서 희석되고 말았다. 이로써 각종 개혁 작업은 축소되거나 아예 폐지되기에 이르렀다. 공산진영과의 대결이라는 국제정세의 변화 속에서 일본과의 공식적인 전쟁 종식 작업도 서둘러 마무리됐다. 샌프란시스코 강화조약(1951. 9) 조인이 바로 그것이었다. 미진한 전후처리 작업은 이후 계속하여 동아시아의 골칫거리가 됐다.

역사歷史란 무엇인가?

앞에서 총 6개의 장에 걸쳐서 주로 '동서양 근현대사의 흐름'에 대해 살펴보았다. 이제 책을 마무리하면서 'Back to the Origin'이란 견지에서 역사란 무엇인가에 대해 생각해보고자 한다. 우리들 대다수는 유년시절 시험 때마다 연도와 인물 이름을 외우느라 진땀을 빼면서 역사에 대해 원망을 쏟아냈던 기억의 단상을 갖고 있다. 실제로 역사라는 학문은 파고 들수록 예상과는 달리 만만치 않다는 실상을 깨닫게 된다.

그렇다면 역사란 무엇이며, 어떠한 특질을 갖고 있을까? 평소 우리가 흔히 접하는 용어들 중 하나도 '역사'가 아닐까한다. 그 때문인지 '역사란 무엇인가'라는 질문을 받으면 누구나 망설임 없이 자신의 일가견을 설파한다. 어원상 역사history는 '탐구하다'의 뜻을 가진 그리스어의 historia에서 연유했으나 그 속에는 생각보다 다양한 의미가 내포되어 있다. 우선, '과거에 일어난 사실

전체로서의 역사'이다. 흔히 '과거는 흘러갔다'라고 말하는 경우 의미하는 바다. 지나간 시간 전체를 역사로 보는 것이다. 하지만 문제는 과거는 물리적 시간이기에 눈에 보이지도 않고 손으로 잡을 수도 없다는 점이다. 그러면 어떻게 지나간 시간의 흐름에 대해 알 수 있단 말인가.

여기에서 한 단계 좁혀진 것이 바로 '기록으로서의 역사'이다. 일단은 기록으로 남아 있어야 이를 통해 과거를 알 수 있다. 그런데 문제는 기록이 아무리 많이 잔존 한들 기록 자체만으로는 과거 상을 그릴 수 없다는 점이다. 어느 한 주제에 대한 기록상의 관련 증거들은 단편적으로 산재되어 그 자체만으로는 하나의 통일된 스토리를 들려주지 못하기 때문이다.

따라서 진정한 역사로 거듭나기 위해서는 '지식(해석)으로서의 역사' 단계까지 나아가야 한다. 이는 과거 기록들 속에서 흔적을 찾아서 이를 해석하고 논리적으로 구성, 단일 스토리로 만들어 일반대중에게 제시할 때 진정한 의미의 역사로 매김될 수 있음을 뜻한다. 오늘날 우리가 16세기 말에 일어난 임진왜란의 전말에 대해 알 수 있는 것도 바로 이러한 과정을 통해서 이다.

이처럼 복잡하게 느껴지는 역사의 의미는 역사학의 특질을 살펴볼 경우 좀 더 쉽게 이해할 수 있다. 역사학이 다른 학문과 구별되는 특징들 중 하나는 기본적으로 과거의 사실을 다룬다는 점이다. 과거란 현재의 시점에서 보면 이미 지나간 시간, 즉 다시 되돌릴 수 없는 순간이다. 이러한 과거에 인간이 한 일과 생각을 밝히는 것이 역사이다. 과거는 인과관계因果關係라는 시간의 실타래로 엉켜 있기에 시간의 변화에 대한 인식을 갖는 것이 역사학의 근간이다. 힘들고 지루하지만 과거에 일어난 중요한 사건들의 연대와 영웅적 개인에 대해 알아야하는 이유도 바로 여기에 있다. 이들이 연속적인 시간의 흐름 속에서 일종의 징검다리가 되기 때문이다.

또한 역사학은 사실事實을 밝히는 학문이다. 역사는 인간들이 살아가면서 행한 의미 있는 일들을 알려준다. 이때 의미 있는 일이란 개인이나 소수집단에게만 국한된 것이 아니라 보다 많은 인간들의 삶에 영향을 끼쳤다고 판단되는 사실들이다. 물론 역사발전에 별로 기여하지 못한 인물이나 사실들도 나름 의미가 있기는 하나 그래도 역사적 사실은 당대 및 이후의 역사전개에 영향을 준 정도에 따라 중요도를 매기는 것이 타당하다고 본다.

어찌됐든 역사는 과거의 사실을 밝히는 학문이고 이는 사료史料를 통해 전해진다. 사료는 '사실을 담고 있는 그릇'으로서 역사연구의 기초를 이룬다. 사료에는 과거의 기록물이 가장 중요한 비중을 차지하나 그 외에 회화나 건축물 같은 유물, 음악과 무용 같은 무형의 자료도 있다. 물론 기록으로 남아 있다고 하여 모두 진정한 사료라고 볼 수는 없다. 간혹 위조되거나 교묘하게 왜곡된 내용을 담고 있는 경우도 허다하기 때문이다. 고로 사료 비판이라는 검색대를 통과한 내용이라야 역사연구의 재료로 이용할 수 있다.

궁극적으로 역사는 역사가의 서술로 이루어진다. 즉, 과거는 역사가의 머리와 손을 통해 이야기로 구성되어 일반대중에게 전달된다. 이러한 과정에서 역사가는 '선별選別'이라는 그물을 이용하여 사료의 대해大海에서 필요한 증거들을 수집한다. 고로 극단적으로 말해 과거에 일어난 수많은 일들 중 역사가에 의해 선택된 사실들만을 역사적 사실이라고 할 수 있다. 여기에서 불가피하게 역사가의 주관과 객관의 문제가 대두되며, 이는 과거의 사실을 밝히는 과정에서 역사가의 주관성 배제가 가능한가라는 딜레마로 이어진다. 일찍이 영국의 역사가 카E. H. Carr는 『역사란 무엇인가』(1961)에서 '역사란 현재와 과거의 끊임없는 대화'라는 정의로 주관과 객관의 문제를 해결코자 했다. 이때 '현재'란 역사가 자신 좀 더 정확하게는 과거사실에 대한 그의 해석(주관)이고, '과거'란 역사적 사실 자체(객관)를 의미한다.

이처럼 본질조차 파악이 힘든데도 왜 우리는 역사에 관심을 가질까? 역사 자체가 자신의 삶에 무엇인가 유용성이나 재미를 준다고 믿기 때문에 평소 역사서적을 읽는 것이 아닐까. 역사는 과거 인간 군상群像들의 경험이 누적된 것이기에 다른 학문분야에 비해 보다 풍부하고 생생한 교훈을 그 속에서 찾아낼 수 있다. '역사는 인생의 거울'이라는 경구警句는 바로 역사가 지닌 교훈적 특성을 말한다. 한 발 더 나아가서 역사는 미래에 대한 통찰력을 함양한다. 역사는 인간사를 폭넓게 이해하는데 도움을 줌은 물론 학습과정에서 사고력과 판단력을 길러준다. 자신이 살고 있는 시대의 중요 이슈를 시간의 흐름 속에서 거시적 안목으로 이해할 수 있기에 역사를 제대로 공부하면 향후 진로를 엿볼 수 있다. 역사적 사실의 탐구는 주로 인과관계의 추론으로 이루어지는바 현재는 과거의 결과요 미래는 현재의 결과가 될 것이기에 더욱 그러하다.

국사도 배우기 벅찬데 왜 다른 나라 역사까지 알아야 할까? 세계사의 형성을 주도해온 서양 열강 및 우리 역사에 직접적 영향을 미친 동북아 주변국에 대한 학습을 통해 거시적 관점으로 우리의 역사적 및 현재적 위치를 보다 다각적·객관적으로 이해하기 위함이다. 더구나 세계화의 급류에 능동적으로 대응할 수 있는 국제적 안목 함양은 이제 선택이 아니라 필수이다. 그럼에도 불구하고 우리 젊은이들이 세계사를 체계적으로 학습할 수 있는 기회가 희소하다는 현실은 안타깝다. 이러한 측면에서 이 책이 우리 젊은이들의 세계사 이해에 다소나마 도움이 되길 기대해 본다.